菅谷明子著

未来をつくる図書館

―ニューヨークからの報告―

岩波新書

837

目次

ニューヨーク公共図書館の組織図

（ニューヨーク市全5区を管轄する公共図書館は□の3図書館）

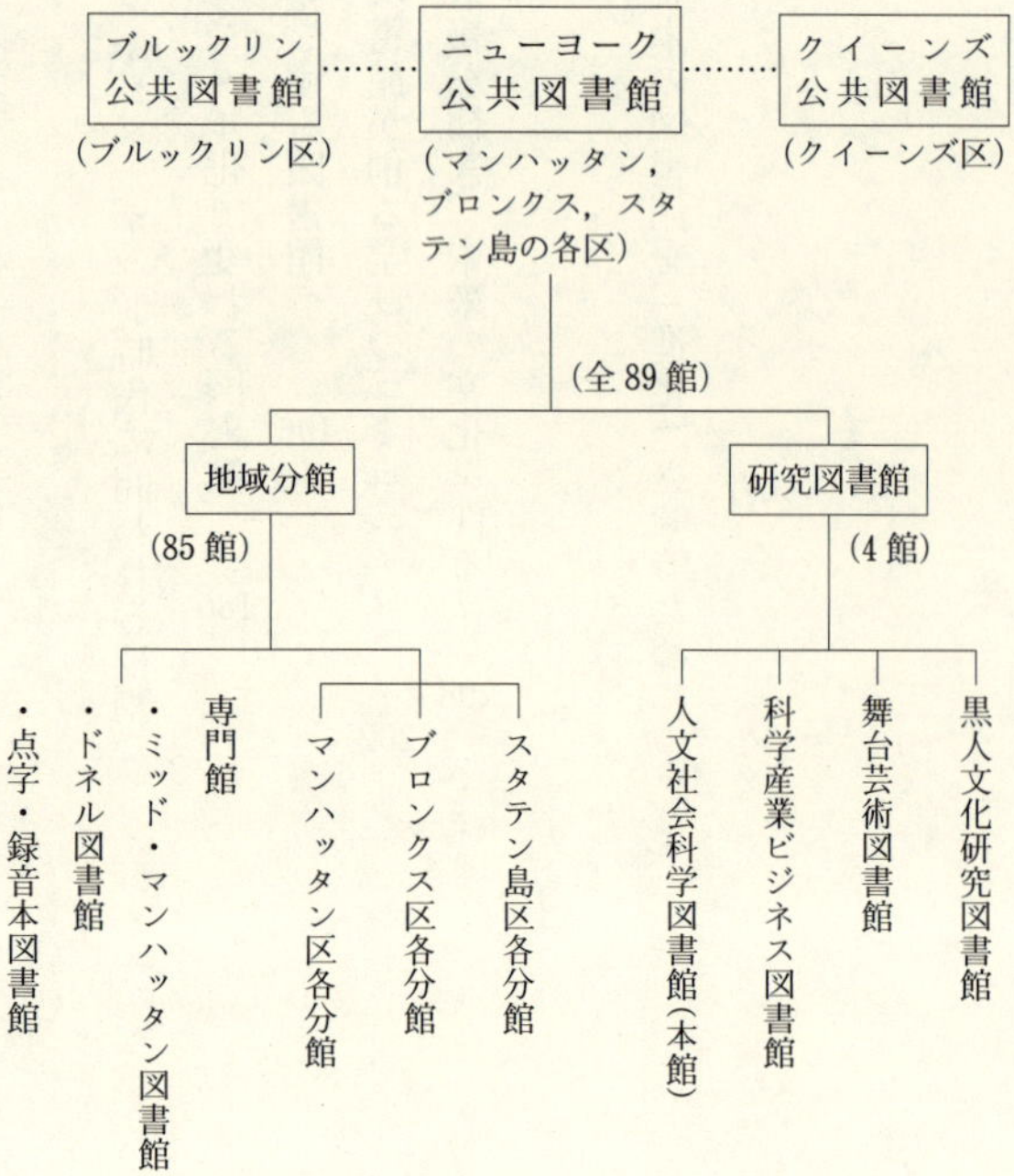

マンハッタン拡大図

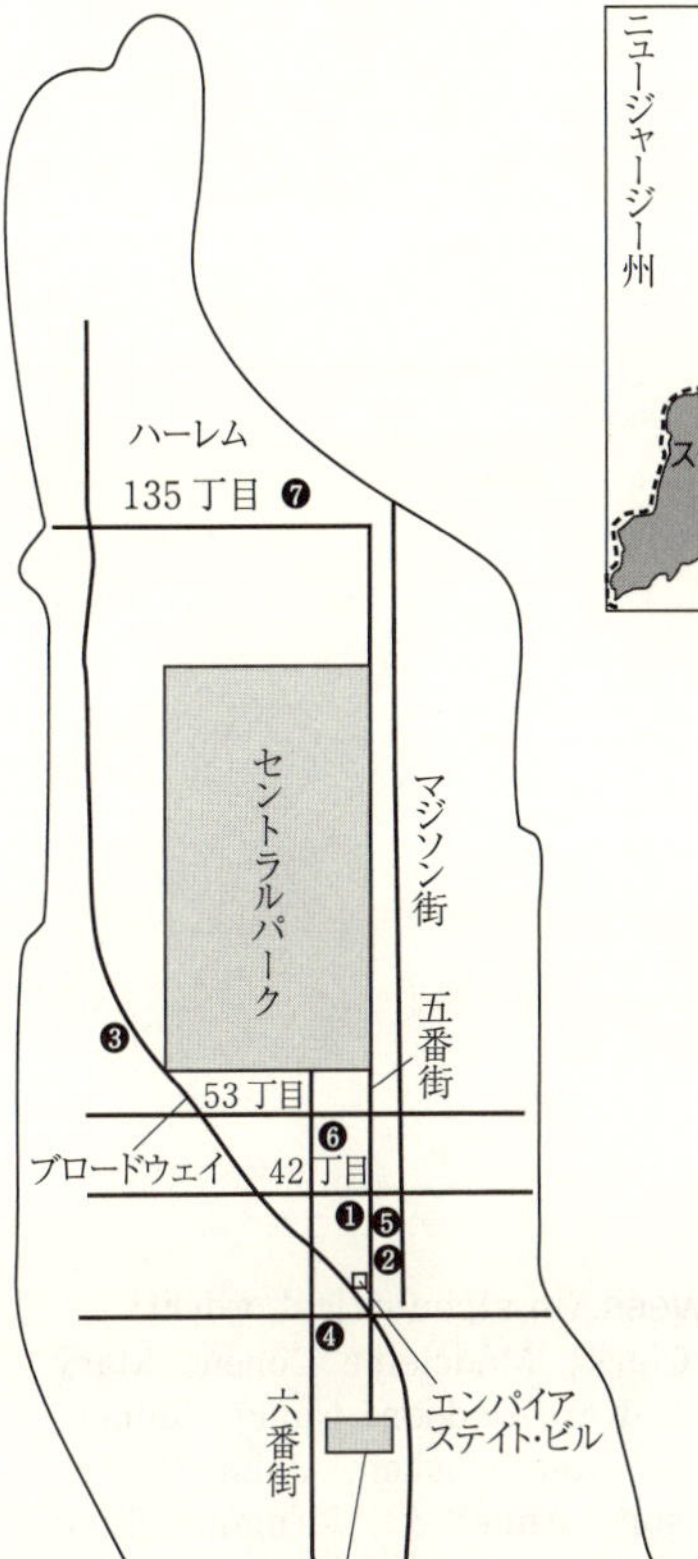

ニューヨーク市

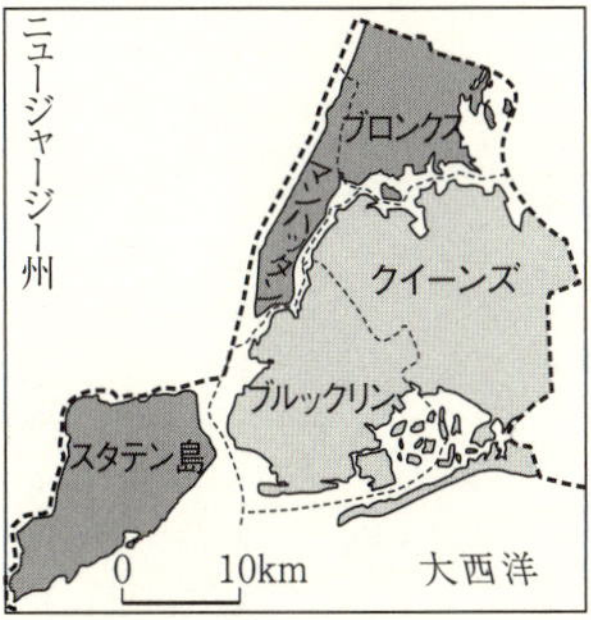

主要図書館位置

❶本館（人文社会科学図書館）

❷科学産業ビジネス図書館（シブル）

❸舞台芸術図書館

❹点字・録音本図書館

❺ミッド・マンハッタン図書館

❻ドネル図書館

❼黒人文化研究図書館

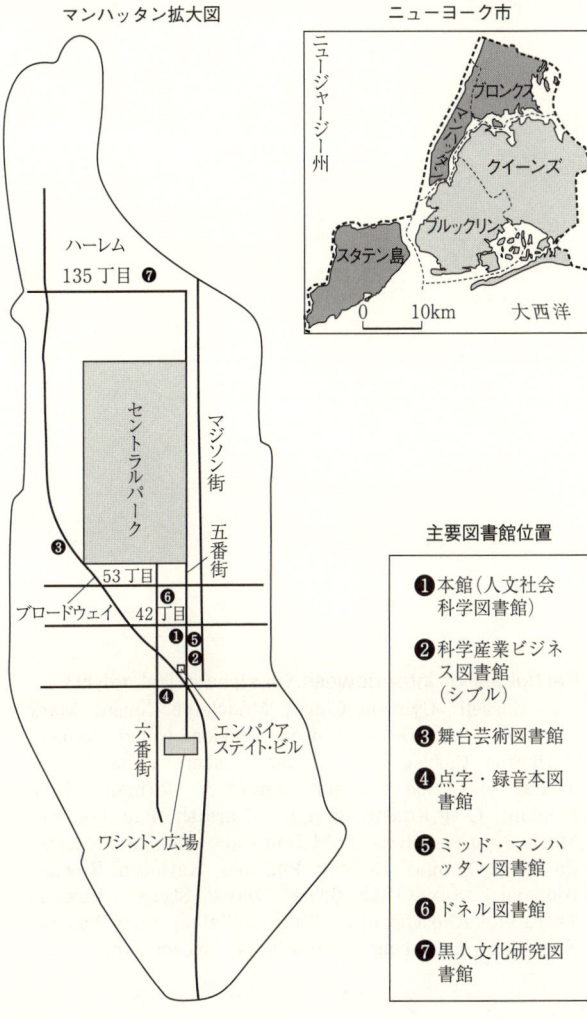

Partial list of interviewees (in alphabetical order):
Kay Cassell, Cynthia Clark, Madeleine Cohen, Mary Conwell, Jackie Davis, Howard Dodson, Nancy Donner, Catherine Carver Dunn, Jane Fisher, John Ganly, Jackie Gold, Sue Harrison, Anne. J. Hofmann, Eiko Ikegami, Greg Kalenberg, Heike Kordish, Paul LeClerc, Marie Nesthus, Kristin McDonough, Monica Moseley, Caroline Oyama, Rodney Phillips, Kathleen Rowan, Alexandra Sax, Herb Scher, David Sturm, Virginia Taffurelli, Ann Thornton, William Walker, Gary Wasdin, Karen Van Westering, Beth Wladis, Fu Mei Yang

序章　図書館で夢をかなえた人々

五番街本館前のライオン像は，ニューヨーク公共図書館のシンボル的な存在だ．この図書館から数々の文化・芸術・ビジネスが生み出された．

世界に知られるゼロックスのコピー機や、ポラロイドカメラ。世界最大発行部数を誇る雑誌『リーダーズ・ダイジェスト』。フェミニズム運動のバイブル『新しい女性の創造』——。これらは全て図書館から世に送り出されたものだといったら驚くだろうか。ニューヨーク公共図書館は、単に本を借りるための場所ではない。名もない市民が夢を実現するための「孵化器」としての役割を果たしてきた。ここからは、アメリカを代表するビジネス、文化・芸術が数多く巣立っている。

アイディアを育む「孵化器」

ゼロックスのコピー機もそのひとつ。特許関連の弁護士でアマチュア発明家だったチェスター・カールソンは、仕事がら膨大な数の特許を複写しなければならなかった。書き写すたびに間違いがないかを確認するのは単純ながらも手間がかかる。「資料を複写する機械さえあれば」と考えたカールソンは、以来、ニューヨーク公共図書館に毎晩通い、閉館ぎりぎりまで文献を読みあさった。ある晩、物理学者の論文に「ある種のものに光を当てれば電気の伝導性を増加させる」というくだりがあるのを見つけた。これをヒントに、日夜、光伝導のテストに取り組み、その後、静止写真画像(ゼログラフィー)の特許を取得。世界初の電子複写機が誕生し、オフィスに一大革命を起こすことになった。

かつてアメリカと数々の国々を結んだ国際航空の草分け、パン・アメリカン航空の創設者ジュアン・トリッペは、もともとは単なる飛行機好きでしかなかった。時あたかも大恐慌時代。求人欄をあさる男たちを尻目に、彼は未来を胸のうちに描いていた。鉄道、船舶などの資料を図書館で集め、速度から運送事情までを徹底的に調べ上げるうちに、空こそ次世代を担うと確信。外国郵便の輸送を請け負う航空会社を買収した。世界初の太平洋線開設のきっかけは、ある日、図書館の地図部門でハワイとグアムの間に小さな島があるのを発見したことにある。そこを給油基地にすれば、グアムまで飛行機を飛ばせると考えたのだ。

ニューヨーク公共図書館は、社会科学や文学などの分野でも多くの人材を育ててきた。若き日の歴史家アーサー・シュレジンガーも、一九四〇年に初めて足を踏み入れて以来、その魅力の虜になった。作家サマセット・モームも好んで利用した。ノーベル賞作家トニ・モリソンや、ノーマン・メイラー、トム・ウルフといった人気作家たちも古くからの常連だ。

図書館とは本を借りたり調べ物をしたりするための場所だと思ってきた私だが、図書館にはもっと重要な役割があることを、ニューヨーク公共図書館に教わった。過去の人類の偉業を大切に受け継ぎ、新しいものを生み出すための素材を提供する。やる気とアイディアと好奇心溢れる市民を豊潤なコレクション(所蔵資料)に浸らせ、個人の能力を最大限に引き出すために惜しみない援助を与える。それが、やがて社会を活性化させると信じて……。

市民の活動基盤を形成する基礎的な施設のことをインフラと呼ぶならば、図書館こそ今の日本に最も必要なインフラではないだろうか。市民のための「知的インフラ」。その意味を深く探るためにも、ニューヨーク公共図書館の舞台裏をもっと知りたいと思った。

敷居の低さも世界一

マンハッタン。五番街が四二丁目とクロスする交差点。ここに二頭のライオン像に守られた荘厳な建物が建っている。一九世紀初頭のボザール様式の傑作といわれ、一九一一年の建設当時には米国最大の総大理石建築として話題をさらったニューヨーク公共図書館の本館だ。一流店がひしめく五番街は東京でいうとさしずめ銀座と言えるだろうか。そこから少し南下したマンハッタン中心部のこのあたりは、いつも多くの人たちが行き交い、大いに賑わっている。図書館はマンハッタンの名所としてガイドブックにも載っていることもあり、観光客も数多い。

この本館にあたる人文社会科学図書館には、グーテンベルクの聖書やトーマス・ジェファーソン自筆の「アメリカ独立宣言」の草稿、コロンブスの手紙など歴史的価値のある資料をはじめ、膨大な数の写真、版画、地図なども収められている。図書館の全所蔵品は、五〇〇〇年前から現在までにわたる約五三〇〇万点。世界には約七〇〇〇の言語があると言われるが、そのうちの三〇〇〇言語で記録された資料を持つ。書棚をすべてつなげれば全長二〇〇キロ近くにも及ぶ。貴重なものが多いため、日本軍の真珠湾攻撃が始まった時には戦火が及ぶのをおそれ

いつも賑やかな本館前．展覧会を告げる垂れ幕が並び，まるで美術館のよう．世界有数の資料を擁しながらも，オープンな雰囲気が魅力だ．

て、書籍などの一部がニューヨークの郊外に運び出されたほどだ。

この図書館がユニークなのは世界有数のコレクションを誇りながらも、「敷居の低さ」でも世界一という点だ。使用目的はもとより、社会的地位や国籍などを問われずに、誰もが無料でアクセスできる。数世紀前の貴重な文献を閲覧するのに、大げさな「教授の推薦状」も必要ない。「市民の大学」として世界で最も開かれていると言われるこの図書館には、ここでしか見ることができない資料を求めて、海外からも多くの人が訪れる。

本館開館一〇分前。九時五〇分。入口にはどこからともなく人々が集まってくる。老若男女、人種もさまざまな一五〇人ほどがいた。開館から一五分。すでに読書室の五分の一の席は埋まっていた。ニューヨークの大学で歴史を教えるルース・ベンハートは、ナチズムについて調べていた。この図書館にしかないというオリジナルの写真を見るために足を運んだ。「平和のためには、過去の過ちをできるだけ詳しく知ることが大事です」。

コンピュータ画面に釘付けで執筆作業に没頭しているのは、黒人の人権問題を全米各地の新聞に寄稿するジャーナリスト。生活は苦しく自宅にコンピュータはない。「毎日通っています。ここは私のオフィスです」とロイ・パリッシュはいう。「ここに来れば、調査から原稿書きまですべてができます」。図書館のコンピュータで書き上げた原稿は、無料の電子メールを使って編集者に送る。「大事な分野なのに、私が頑張らなければこうした内容は紙面にもほとんど登場しません。それだけに自分の仕事をとても誇りに思っています」。

市民による市民のための図書館

ニューヨーク公共図書館(The New York Public Library)とは、実は総称であり、専門分野に特化した大学院レベルの四つの研究図書館と八五のコミュニティに密着した地域分館からなる複合体である。ニューヨーク市は八〇〇万の人口を擁し、五つの行政区に分かれている。ニューヨーク公共図書館はそのうちのマンハッタン、ブロンクス、スタテン島の三地区・三三〇万人をサービスの対象とし、残りの二地区はそれぞれブルックリン公共図書館、クイーンズ公共図書館が管轄する(iv頁の図参照)。年間予算は二億八〇〇〇万ドル(約三三六億円：以下一ドル＝一二〇円で換算)、三七〇〇人のスタッフを抱える。二〇〇二年の来館者数は一五〇〇万人、それに加えて一〇〇〇万人以上がインターネット経由で利用した。アメリカはもとより世界でもトップクラスの公共図書館として知られ、各国の国立図書館レベルにも引けをとらない。しかし、これだけの規模を誇りながらも、州や市が直接運営する、いわゆる公立ではない。アメリカでもめずらしい非営利民間団体（NPO）が運営する公共（public）の図書館なのである。

ニューヨーク公共図書館の設立は一九世紀半ばにさかのぼる。当時のニューヨークは、都市として急成長を遂げていたものの、洗練された都市にはほど遠かった。新興都市ニューヨークはつねにヨーロッパを意識していたが、市の知的リーダーたちはニューヨークを文化的な都市にするためには、図書館の充実が不可欠だと考えていた。文化を育むために重要なことは、市民ひとりひとりが学ぶことを通して自らを高めることで、そのためには誰もが自由に学べる環境整備が急務だとの認識を強めていた。折りしも同じような考えをもつ篤志家が、市民に開かれた図書館作りのために遺産を遺し、ニューヨークにあったふたつの個人図書館が合併、ここにニューヨーク公共図書館が誕生する。その後、図書館の重要性を常々訴えていた鉄鋼王で篤志家のアンドリュー・カーネギーが大口寄付を申し出る。ニューヨーク公共図書館の分館の半数近くはカーネギーの資金を元に作られている。

運営面や財政面で独立しているため、思想的にも独自のスタンスを取りやすく、民主主義や言論の自由に対する認識も高い。ゲイやレズビアンといった微妙なテーマも、展覧会で正面から堂々と取り上げる。しかし、それだけに資金調達は重要な仕事になる。趣向を凝らしたイベントや優雅な晩餐会は、企業や篤志家を相手に寄付金を募る格好の場だ。とりわけ現館長ポール・ルクラークは、遊び心溢れる社交家で、ネットワークづくりにも余念がない。九〇年代には株式急騰を受けて億万長者が続出し、税金対策もあいまって大口の寄付金が相次いだが、二〇〇一年の同時多発テロ事件によるニューヨーク経済への打撃は大きく、財政状況は著しく変わり、図書館は資金繰りに頭を痛めている。しかし、スタッフはあきらめることなく、財団や企業から新たな助成や寄付金を獲得するために奔走している。またこのテロ事件は思いがけず、市民が図書館の重要性を見直すきっかけを提供することにもなった。緊急事態に際しても地域に即した情報を迅速に提供したことが高く評価され、その後来館者が急増するという意外な効果をもたらしたのだ。

夢をかなえる場

ニューヨーク公共図書館が持つ膨大な資料への窓口のひとつは、本館三階にある目録室だ。オードリー・ヘップバーン主演の映画「ティファニーで朝食を」でヘップバーンに想いを寄せる作家が、自分の著書名が記された目録のカードを引き出しからとり出して彼女に見せるシーンがあるが、今では目録室に引き出しはない。代わりに約四〇台のコンピュータが並び、利用者はここで必要な資料を探し出す。インターネットに接続すれば、館内からだけでなく世界中どこからでも目録をチェックできる。

　その奥には、高い天井とシャンデリア、重厚な木製の机に真鍮のスタンドが優雅で落ち着いた雰囲気を醸しだす読書室がある。仕切りのない部屋としてはニューヨーク最大の広さを誇り、作家ヘンリー・ミラーが、「ダンスを踊ってスケートまでできる」と形容した細長い大きな机が整然と並ぶ。その机にも「情報化」が及び、ノートパソコンを持ち込んだ利用者がインターネットにアクセスできるように、電話と電源のソケットも内蔵された。アーチ型の窓からはすらりとしたマンハッタンの摩天楼がのぞき、天井にはオレンジ色の雲の絵が美しく描かれ、手のこんだ彫刻がそれを上品に縁取っている。

　読書室は、フレデリック・ローズ夫妻の一五〇〇万ドル（一八億円）の寄付金をもとに、一年半をかけた建設以来初めての大型改装・修復工事を終えて、一九九八年に「ローズ読書室」として甦った。ローズ夫人も、この図書館によく通った。結婚のために大学進学をあきらめた夫人は、子育てが一段落したのを機に念願の大学入学を果たし、その後大学院に進学した。在学中はこの読書室で調べ物に没頭した。寄付金はそのお返しにすぎないという。

　多くの部屋には、ここを利用して夢を実現した人々の名前がつけられている。「ディウィット・ウォーレス定期刊行物室」は、世界最大の発行部数二三〇〇万部を誇る雑誌『リーダーズ・ダイジェスト』誌の発行人にちなんで名付けられた。二〇世紀初頭、雑誌創刊が夢だった貧しい青年は、刊行物室に通い新聞・雑誌を読みあさった。一九二二年。弱冠三三歳で、彼は待望の雑誌創刊にこぎつける。ポケットサイズの月刊誌には、一流雑誌から選りすぐった記事や読み物がみごとに圧縮されていた。まるで、図書館の刊行物室をそのままコンパクトにしたように――。その後、成功を収めたウォーレスはアイディアの元になったこの部屋に多大な寄付金で恩返しをした。

芸術・ビジネスの育成も

ニューヨーク公共図書館はニューヨークの芸術家をも支えている。演劇・音楽・舞踏などの檜舞台となる劇場が集まるリンカーン・センターには、舞台芸術に特化した研究図書館の舞台芸術図書館がある。ベートーベンやバッハ、モーツアルトの自筆の楽譜も所蔵し、ジャンルも、音楽、舞踏、演劇からミュージカルとさまざまだ。こうした幅広く実践的な資料は現役のプロの俳優、ダンサー、振付師などに活用されている。

図書館には、これまで培われてきた過去の遺産を収集・保管するという「アーカイブ」機能も重要だが、こうした思想は何も活字だけに限らない。舞台芸術図書館では、全米各地で行われるライブ・パフォーマンスの様子を図書館が独自に撮影してビデオテープに収めている。黒人文化研究図書館では、歴史的・文化的に重要だと考えられる人物を図書館がインタビューし、それらをビデオテープに収録して先人の知恵を次世代に受けつごうとしている。一方、地域分館のドネル図書館にある「メディア・センター」では、マスメディアに限らず、あらゆる視点を大切にするというコンセプトで、独立系のドキュメンタリー作品を中心に資料構成がされている。

デジタル情報時代が加速するなか、一九九六年には、ビジネスや起業家への支援を前面に打ち出し、また電子情報を一般市民に享受してもらう目的で、科学産業ビジネス図書館(シブル)がオープンしたことも、ニューヨーク公共図書館を語る上では欠かせない事例だ。ビジネスと科学に特化したコレクションはこの分野では世界一を誇り、高価なデータベースを惜しげもなく無料提供するなど、電子情報源をふんだんに取り入れるという画期的な試みで最先端を行く。

こうした先進的な動きの一方で、人と人との出会いを重視し様々な領域の人々をネットワーク化し、新しい「知」を創造するための環境作りにも力を入れている。一九九九年には、世界各国から公募した学者や作家が研究活動を行なうための研究センターを人文社会科学図書館に設けている。研究者同士また研究者と市民との交流を通じて、知的コミュニティを育むことを狙いとしている。

地域密着のサービス

こうした研究目的の図書館とは別に、地域に根ざした活動を行なうのが市内に点在する八五の地域分館だ。市民の健康を守るためには豊富な情報へのアクセスが大きな役割を果たすが、分館には「医療健康情報センター」が置かれ、健康維持や病気の治療の際に最良の選択ができるよう、書籍からデータベースまでを充実させ、関連講座も開催している。また、就職や転職・スキルアップを目指す人たちに対しても、様々な支援を行なう。市民が経済的に自立し、キャリア形成をしていくことは、長期的に見れば地域経済や社会保障にも関わってくる。そのためでもあるが、履歴書の書き方から面接戦略といった講座があるのは面白い。また、学校を補完する教育機関としての役割も持ち、宿題の手伝い、読書会、教師の授業作りなどをサポートし、また就学前の子どもには読書の楽しみを、親に対しては読書のヒントなども教えてくれる。

多文化社会だからこそ、図書館が貴重なインフラとしての役割を果たしていることがわかる例も少なくない。移民を対象とした無料英語教室や、母国とアメリカを結んだ貿易を行なう人に対する支援も充実している。さらに、地域分館は行政情報の窓口として市民が政治に参画し、より民主的な社会が実現できるようなサポートも行なっている。

電子情報化時代を迎え、図書館は「情報弱者」のアクセス基地としての役割も果たしているが、デジタル時代が進行する中、市民が情報にアクセスしやすい状況を保証する上でも、図書館の役割は強まるばかりである。現代の「読み書き」となったコンピュータを使いこなす能力は、就職から教育、日々のくらしにおいても不可欠なものになってきた。こうした状況のもと、公共図書館はコンピュータが無料で利用できる数少ない場であり、地域分館でもコンピュータが設置されてあるのはもちろん、無料講習会も頻繁に開いている。図書館のデジタル化も進み、インターネット経由で多くの資料やサービスが閲覧・利用できるようになった。

図書館との出会い

日本で公共図書館といえば、無料で本を借りるか、新聞・雑誌を読むか、あるいは受験生の自習室といったイメージしかなかったが、調査を続ければ続けるほど予想をはるかに超えた多彩なサービスを目の当たりにして、「えっ、これが本当に図書館?」と、公共図書館が持つ可能性の大きさを改めて思い知らされた。

思えば私が図書館に関心を持つようになったのは、ニューヨークの大学院で図書館を連日利用していた学生の頃で、日本の図書館に比べて蔵書数は驚くほどではないものの、索引や電子化された情報がはるかに充実していることに感動した。当時は短期間にたくさんの小論文を書かなければならず、膨大な情報から簡単に検索ができるデータベースの存在はありがたかった。よく利用したのが「レクシス・ネクシス」というデータベース。世界中の新聞、雑誌など、刊行された膨大な英文記事を、過去にさかのぼって網羅的に検索できる〝優れもの〟だ。また、本にしても他の大学や専門図書館とのネットワークが確立していて、大学が所蔵しないものも利用しやすい環境が整っていた。索引も充実したものが多く、論文や雑誌記事を探すのも随分と楽だった。大学院では、初年度にレポートの書き方の授業が必修で、図書館利用講座も頻繁に行なわれていた。情報が豊富で、そのアクセスが容易で、かつ利用法をマスターしていることとが、いかに論文のテーマ設定や内容の質に関わってくるのかを実感した。

次に図書館の存在を意識したのは、独立してワシントンDCを拠点にジャーナリスト活動を始めた時のことだ。どんなテーマの取材でも、まずはデータベースで下調べをすることは、その頃の私にとっては常識となっていた。データベースとは様々なデータを集めて整理し、大量の情報から効率よく検索できる機能を備えたデータの集まりで、テーマに対して広範囲のリサーチが短時間で可能になる。索引やデータベースをどう充実させるかは、デジタル時代の図書館の重要テーマだが、この点については今後具体的に紹介していきたい。

さて話を戻すが、手作業ならせいぜい数十紙誌ほどの情報源しかチェックできないものが、データベースならその範囲を数百や数千にすることも可能で、元になる情報が多いほど分析を掘り下げられるし、その結果記事の内容にも深みがでる。ところが、うかつなことに大学や企業からいったん離れてしまうと、それまで当たり前に使ってきたデータベースにさえアクセスできなくなることを思い知り、私は途方に暮れてしまったのだ。

そうは言っても、落ち込んでばかりもいられない。気を取りなおして、まずはデータベース会社に片っ端から電話をかけ、個人契約が可能かどうか問い合わせてみた。残念ながら法人契約が基本で答えはノー。中には利用時間や使用量に応じた契約方法もあったが、個人で支払うにはあまりにも高すぎた。そこで改めてインターネットを使うことを考えたが、インターネット上には最新の情報はあっても、過去にさかのぼって調べ物をするにはあまり向いていない。また、例えば新聞記事にしても、新聞社ごとにひとつずつ検索しなければならず効率も悪い。私が必要なのは、同じテーマをできるだけ多くの情報源を使って網羅的に見られるものだから、インターネットには限界がある。それに加えて料金もネックになる。たとえば、新聞・雑誌記事はオンラインで一件あたり二ドル程度で買うことができるが、膨大なデータをチェックするのが仕事だから、一〇〇件取り出すと二〇〇ドルになるのでは高すぎる。おまけに、いちいち金額を気にしていては、大胆な調査が難しくなる。「これじゃ仕事ができない」と目の前が真っ暗になったのを、今でもはっきりと覚えている。

そこで今度は当時住んでいた、ワシントンDC郊外のアーリントン公共図書館の窓口に電話をかけてみた。ニューヨークに住んでいた頃、ニューヨーク公共図書館がデータベースを市民に無料提供していたのを思い出したからだ。担当者は数は少ないものの、無料で使えるデータベースがあるという。たいした期待もせずに出かけてみると、思いがけず一般の新聞・雑誌だけでなく専門誌や統計、ビジネスデータベースなどが無料で提供されていた。私は思わず小躍りし、司書の方に抱きつきたくなった！　データベースは予約なしで使え、当時はプリントアウトも無料という大盤振る舞いで、その日は感動のあまり閉館の夜一〇時まで、キーワードをあれこれ入力しては、データベースを堪能した。

こうして私は、データベースを目当てに図書館の常連となるのだが、図書館の様々なサービスや利用者を間近に観察するうちに、私の図書館観は徐々に変わり始めた。日本の公共図書館では、利用者が知的好奇心を満たし、自らの教養を高めるために本や雑誌などを読み、そこで得たものを吸収して完結してしまうという、いわば受動的な情報の接し方をしているように思えた。ところが、アメリカでは知識を広げ教養を高めるだけでなく、くらし全般や地域に関しての実践的な情報も合わせて提供し、また市民が情報を活用して新しいものを生み出すことを奨励する開かれた空間に感じられた。市民は情報をそのまま受容するというよりは、課題を解決したり、目的を達成するために情報を「道具」として主体的に活用しているのだった。

そのためか、図書館には調べ物にやってくる人が多かった。よく目についたのが、車やコンピュータ、電化製品など高価なものを購入する際に、「消費者セクション」で商品テストの客観データや、各種報告書、企業の社会貢献度の指標などを調べている人たちだ。企業に都合のよいことしか知らせない広告だけに頼らずに、できるだけ客観的な情報を自ら多角的に収集し判断を下している姿は新鮮に思えた。病気らしい人やその家族が、医療情報を集めている姿もよく見かけた。医者に言われた治療法に黙って従うだけでなく、自ら情報収集を行い最良の選択をすることで満足できるように主体的な行動を取っているのだ。

図書館は市民のあらゆる局面をサポートする役割を担っているが、こうして私の図書館への関心はますます高まり、さらに頻繁に利用するようになった。特にビジネスに対する支援体制が整っていることには驚かされた。アーリントンの中央図書館にもビジネス専用室があり、ビジネスマンや起業家らしき人がよく利用していた。図書館という公共的な場でビジネス支援というのは最初は違和感があったが、ビジネスを行なうためには情報収集が不可欠であり、とりわけ大企業に比べて情報環境が遅れがちな地元の中小企業や個人経営者をサポートするのは、理にかなっていると思えるようになった。また、求人情報を探す人や一般投資家が株式情報を熱心にチェックしているのも良く見かけた。

驚きの連続

図書館の実務重視は、主催するイベントにも現れている。「投資セミナー」「マイホーム講座」「リタイア戦略」「養子を迎えるには」「中年からのダイエット」といったテーマが並ぶ。起業に関するものも多く、試しに「インターネット・ビジネスを立ち上げる」という講座に参加してみたが、五〇人ほどがホールを埋めていてなかなか盛況だった。

講師は地元のコンサルタントが務めていたが、未来の顧客開拓にもなるからボランティアでも喜んでやってくる。講座が終わったところで、図書館の「ビジネス司書」が登場。起業のために必要な情報源や郡の窓口などのリストを渡してくれたが、司書にもビジネスを専門とする人がいることをこの時はじめて知った。また、こうした講座はビデオに録画され、地元のコミュニティ・テレビで放送されることもあり、番組のテープも貸し出されている。

夕方以降は、子どもの宿題用の文献やデータを探している親子連れも大勢やってくる。無料で使えるミーティング・ルームでは、グループ学習や地元NPOの会合、ボランティアで英語を教えるグループ、読書サークルなど、実に様々な目的に活用されていた。また、ノートパソコンを持ち込んで使えるように電源もありオフィス代わりに使えるため、作家やジャーナリスト、起業家にNPOスタッフなどが毎日のように図書館に通ってくる。その目的もアメリカの外交政策に不満を持ち、その無能ぶりを証明しようと研究を続ける人、市民団体のコンサルタントを請け負う人、新規ビジネスで起業したい人など様々だ。

私もある意味では彼らと同じような境遇にいたため、世間話を交わすような仲になったが、組織から離れて活動するこうした人々こそ社会を変えようという意識も人一倍強く、新しいアイディアで社会を活性化させる格好な人材であると感じた。そして、こうした人たちに情報へのアクセスを保証し「オフィス・スペース」を提供する図書館は、実は非常に重要なインフラかもしれないと考えるようになった。

「図書館なしでは今の自分はなかった」

こうしたなか日本に帰国する機会があり、久しぶりに都内の公立図書館に行ってがくぜんとした。久しぶりに見る日本の図書館は、かつてのイメージそのままで、データベースなどもなく、利用者は新聞の山を前に一つひとつ関連記事を調べていかなければならない様子だった。めまぐるしく進んでいたIT情報化からも取り残された状態と言わざるを得ない状況に何とも情けない気持ちになった。その一方で、こうした現実を目の当たりにして、公共図書館を情報化社会における公共的なインフラと位置付け、その重要性について調査を行いたいとの気持ちがふつふつと湧きあがってきた。

伝統ある図書館もデジタル時代に対応．ノートパソコンを持ちこんで，インターネットに接続できる．

ところで、全米には約一万六〇〇〇の公共図書館があるが、この数はアメリカを代表するハンバーガーチェーン・マクドナルドの全米店舗数一万二〇〇〇をはるかに上まわる。二〇〇〇年には、一一億四六二八万人が訪れ、一七億一三九六万点の資料が貸し出された(いずれものべ。米国図書館協会)。インターネット時代を迎えて、図書館訪問者数は減っているのかと思いきや、二〇〇〇年には一〇年前に比べると実に二倍に増えている。日米で人口あたりの図書館数を比べてみると、日本では人口四万九〇〇〇人あたりに一館ある計算だが、アメリカではその約三倍の一万六〇〇〇人に一館となる。公共図書館に対する市民の信頼も高く、八三％が「図書館と図書館司書は民主主義の基本となる役割を果たしている」と考えている（ＫＲＣリサーチ＆コンサルタント、二〇〇〇年）。

もちろん、単純にアメリカの事例が良いとは言い切れない面もあるが、市民のニーズを先取りしながら、様々なサービスを提供する積極的な姿勢から参考になるものは少なくない。アメリカの公共図書館の活動は極めて先進的で、その多彩なサービスは「世界のモデル」としても知られている。地域に根ざしているのも特徴で、市民にとっては極めて身近な存在だ。

数ある図書館のなかからニューヨーク公共図書館を本書の対象としたのは、時代に対応したタイムリーで革新的なサービスを、市民が求める形にして次々と打ち出している姿勢が評価できると考えた点にある。また、「世界クラス」の研究図書館と地域に根ざした分館を併せ持つユニークな性格も、公共図書館が持つ可能性を考える上で格好に思われた。公共図書館に対する固定観念を打ち破る上でもこの図書館は説得力に溢れている。

実際、私自身も調査を進めるうちに、図書館とは私がかつてイメージしていたような、単に本を無料で貸し出す場などでは決してなく、市民ひとりひとりが持つ潜在能力を引き出し、社会を活性化させる極めて重要な装置であることを改めて考えさせられた。「図書館がなければ、今の自分はなかった」。実感を込めてこう語る人たちに、調査中に何人出会っただろうか。

ある日の午前。ローズ読書室では娘の高校中退をきっかけに、高校教師になる決意をし、大学に入学し直した女性が卒業論文に取り組んでいた。ヒップホップ風のファッションで決めた一九歳と二四歳の二人組は『ニューヨークでスマートにビジネスをはじめる』という本を神妙な顔で読んでいる。

午後。黒人文化研究図書館のマイクロフィルムの閲覧室。仕事の合間に自らのルーツをたどりはじめて五年になるという黒人女性は、奴隷解放の後に、政府が元奴隷のために作った会社の銀行口座の記録から関係者の足跡をたどろうとしていた。調査の結果は本にまとめるつもりだという。

その日の夕方。舞台芸術図書館では、オレゴン州の大学を中退してニューヨークの演劇学校にやってきたという二六歳の俳優志願の女性が、次に演じる役柄を研究するために資料を捜していた。

そして夜。科学産業ビジネス図書館では、仕事が終わってから毎日やってくるというエリオット・ジョーダンが、州の法務長官を務めた祖母の伝記を書いていた。それを発信するためのホームページも図書館で作った。「彼女が遺した業績を多くの人に知ってもらいたい」と閉館近くまでキーボードをたたいていた。

市民の能力を引き出す

ニューヨーク公共図書館の調査を通して実感したのは、アメリカの強さの秘密は無数の才能を芽吹かせるシステムの充実にある、ということだ。科学産業ビジネス図書館の開館式典で、当時のルドルフ・ジュリアーニ市長はこう挨拶している。「科学、産業、ビジネスの分野でニューヨークは世界の中心的役割を果たしています。図書館建設には莫大な資金がかかっていますが、我々が得られるものに比べれば些細なものにすぎません」。このように、個人が力をつけることが、やがては社会全体を潤すことにつながると、明確に意識されているのだ。無名の市民の潜在能力に賭け、それに対して惜しみない援助を与える前向きな姿勢と懐の深さは、アメリカの繁栄を支える大きな柱である。その見返りは「投資」に対して余りあることは、ニューヨーク公共図書館の歴史が証明している。

新しい才能を芽吹かせる

ひるがえって我が国はどうか。日本でも世の中を変えようという意志を持ち、アイディア溢れる人材は決して少なくない。しかし、組織に属さず資本もない未知の才能を芽吹かせるためのシステムがまだまだ足りないのではないだろうか。いくら優れた才能があっても、それを伸ばすには適切な環境が必要だ。

情報に対する認識も変えてみる必要がある。これまで図書館はマスメディア情報への依存が強すぎたし、印刷物以外の収集には決して熱心でなかった。人々の考えや行動の記録を大切に蓄積し、効率よく検索できるためのシステム作りも新たな課題だ。市民の側でも、情報を駆使して新しいものを生み出そうという姿勢をもっと身につける必要がある。

長期化する景気の低迷、年功序列の崩壊、行き詰まる学校教育、本格的な高齢化社会の到来、地域やNPO活動の強化など、企業や組織とは別に、個人の能力を伸ばすために情報収集をはじめ、様々なサポートを必要とする人は、今後ますます増えそうだ。組織から個人へ。こうした急速な社会環境の変化のなか、公共図書館の充実は、⑴組織の後ろ盾をもたない市民の調査能力を高める、⑵新規事業の誕生を促し、経済活動を活性化させる、⑶文化・芸術関連の新しい才能を育てる、⑷多様な視点から物事を捉え、新たな価値を生みだす、⑸コンピュータを使いこなす能力をはじめ市民の情報活用能力を強化する、といった効果をもたらすであろう。

社会の急速な変化に対応するには、個人がパワーをつけることが今後ますます重要になる。そのためにも、眠れる人材を支援し、それを社会に還元するためのシステム、「知のインフラ」としての図書館を今こそ見直すべきではないだろうか。

第1章　新しいビジネスを芽吹かせる

図書館で起業準備をし，投資会社をやめて「市民に優しい」投資会社を設立．毎朝ここで金融データベースをチェックするのが日課．

1　最先端のビジネス図書館

図書館とアメリカンドリーム

ある土曜日の昼下がり。マンハッタンの観光名所エンパイアステイト・ビルのほど近くでセミナーが行われていた。ビジネス関係の専門家数人が様々な角度からプレゼンテーションを行い、その後パネル・ディスカッションへと移行した。参加した約四〇人の大半は、起業家かその「予備軍」。質疑応答では、各自のビジネスに直結する具体的な質問が次々と飛び出し、セミナーが終わっても情報交換とネットワーク作りに余念がない。参加者のひとりに、一九歳の時にメキシコから移民してきたという三二歳の男性がいた。彼は図書館の本やデータベース、インターネットなどを活用して情報収集を行い、各種講座も受講して起業準備を進めてきた。「アメリカはすごい国ですよ。僕は無一文同然でやって来たのに、今では起業するまでになったんですから。こういうのをアメリカンドリームって言うのかもしれませんね」。

セミナーを主催したのは研究図書館のひとつ科学産業ビジネス図書館（ＳＩＢＬ＝シブル）。四二丁目の本館から数ブロック南に下りた三四丁目のマジソン街に面した百貨店を改装した建物にある。ステンレスをふんだんに使った内装は近未来的な雰囲気を漂わせ、ガラス張りの広々とした館内は、シックで機能的なオフィスのイメージだ。通りを挟んだ会社に勤めるという女性は「あまりに立派な建物なので、会員制図書館だと思いこんでいました」というほどだ。

正面の壁にはビジネスマンの「格言」が並ぶ．その下のインフォメーション・キオスクでは，館長がビデオで迎えてくれる．

ビジネスと科学に特化した情報提供を行う先端的な図書館として、豊富な蔵書に加えて、電子情報も充実している。インターネット・アクセスはもちろん、高価なデータベースの無料提供など、デジタル環境が極めて充実している図書館だ。入口のホールでまず驚かされるのは、インフォメーション・キオスクと呼ばれるタッチパネル式の端末だ。ニューヨーク公共図書館のポール・ルクラーク館長が映像で登場し、利用者を歓迎してくれる。端末は英語とスペイン語の二カ国語で、館内案内、サービス内容、講座やイベント、コンピュータの予約などのメニューがあって使いやすい。この端末では、利用目的からスタッフの評価、どんな情報資源を使っているかなどの利用者調査の、その日の集計結果を見ることもできる。

学問よりビジネス

もうひとつ、館内に入ると目に飛び込んでくるのが、正面の壁に彫り込まれた格言の数々だ。「アメリカ人の主要な仕事はビジネスだ」。こう言ったのはカルバン・クーリッジ大統領(一九二三〜二九年)。その他にも鉄鋼王・カーネギー、石炭王・メロン、石油王・ロックフェラーといった、自らの商才を遺憾なく発揮して大成功をおさめた人々の「ビジネス哲学」が並ぶ。

一般に図書館と言えば「知の殿堂」としての学術的な色彩が強いのに対して、この図書館ではビジネスの成功者が学者になり代わり「賢人」として崇められているのである。こうした演出はシブルが目指すところと無関係ではない。世界経済の中心ニューヨークがその経済力をさらに強化するために、ニューヨーカーを企業家として育て、キャリアを強化し、ビジネスで成功することを奨励するという明確な目標を掲げる図書館なのである。ここで思索にふけるのは似合わない。むしろアクションのための図書館なのだ。

シブルのオープンは一九九六年、図書館開館一〇〇周年の翌年のことだ。二世紀目に突入したニューヨーク公共図書館が、デジタル情報時代にもうまく対応したことを示す上でも格好の図書館だ。

総費用の一億ドル(一二〇億円)の約半分は、個人・企業の寄付金や財団からの資金でまかなわれているが、図書館の理事でもあるルイス・カルマン夫妻は七五〇万ドル(九億円)を提供している。シブルの館内には寄贈者の名前がいたるところに彫り込まれ、寄付を寄せた企業や個人の名前も読書室や各センターの冠名として数多く使われている。物品の寄贈としては、IBMが六〇台のコンピュータを贈り、インフォメーション・キオスクの開発も行った。また、寄付を行ったある証券会社社会長は、「深く分析されたわかりやすくタイムリーな情報は、ビジネスでの決定を下すために中心的な役割を果たす。こうした情報にアクセスできるようにすることは、わが社やコミュニティのいかなるビジネスにとっても利益のあるものだ」とシブル支持の理由を語っている。

シブルには、一三〇万点の資料が所蔵されているほか、一一万種類の刊行物が集められている。開館時間は曜日によって異なり、一〇時から一八時か二〇時まで。日曜は休館する。夕方以降は、ビジネスマンらしき人が特に多くなる。来館者数は年間五〇万人以上で、年齢別に見てみると三十代から四十代の働き盛りと、定年が近づき、次の転機を模索する五五歳以上が多いという。司書によれば、ゴキブリの殺虫剤や石鹸製造についての質問も受けたことがあると言うから、様々な人が様々な目的で活用していると言えるが、起業準備はもとより、ファッション、出版、金融などニューヨークに多い業種で働く人たちや、特許や商標登録の調査のために利用するケースも多いという。

所蔵資料の分野は、マーケティング、広告、バイオ・テクノロジー、コンピュータなどと幅広い。企業年鑑や各国の貿易統計、法規制に関する資料などのほか、ビジネス応用科学やテクノロジーに関する資料も取り揃えられた、きわめて実践的な図書館となっている。国内外の政府刊行物、国際貿易や投資の情報なども網羅する。特許と商標に関しては全米一の充実ぶりで、一七九〇年以降の内外一八〇〇万件以上の資料を収集する。

館内の利用スペースは、書庫やオフィスを除いた一階と地下一階の二フロアだけだが、それでもかなりの広さがある。一階には五万点の本が並んだ開架書庫と読書室があり、全てが貸出し可能で、二〇〇種類の新聞・雑誌もそこで閲覧できる。書籍以外にも、ビジネス関連のカセットブックやビデオテープ、DVD、ソフトウエアの使い方を解説したCD-ROMなども館内での利用や貸出しが可能だ。地下一階にもリサーチ用の閲覧資料が豊富に揃い、さらにケーブルテレビも「資料」として提供されている。このフロアの壁の一角には、ニュース専門のCNNや経済専門チャンネルなどのテレビモニターが並び、最新ニュースのチェックができるのだ。こうした多様な資料を持つシブルは、ビジネスに特化した図書館としては世界最大を誇る。

予想以上のニーズ

日本では公共図書館とビジネスとは相容れない観があるが、アメリカでビジネス図書館の概念が提唱されたのは二〇世紀初頭にさかのぼる。マンハッタンの対岸にあるニュージャージー州ニューアーク公共図書館館長が、適職を見つけて生計を立て、将来に向けて投資を行ない、家計を向上させるためには、ビジネスに関わる情報へのよりよいアクセスが不可欠だと考えたのが発端で、一九〇四年、アメリカで最初のビジネス図書館がオープンする。

その後、徐々にビジネスサービスを取り入れる図書館もでてきたが、公共図書館が利潤の追求を目標とする「ビジネス」に関わるのはどうか、という見方もあった。しかし、雇用の流動化や情報化に拍車がかかるなか、高度な情報にアクセスするのが難しい個人や中小の企業などに対する支援は図書館元来の使命と一致することもあり、ビジネスサービスは、個人の経済的自立を促し地域経済の活性化にも役立つと捉えられるようになり、今では多くの公共図書館がビジネス支援を行なうようになっている。しかし、シブルほどのスケールでサービスを行なう図書館の登場はアメリカでもはじめてのことだ。

シブルの構想が持ち上がったのは、九〇年代初頭にさかのぼる。当時、ニューヨーク公共図書館の関係者たちは、増えつづける資料を前に書庫の確保に頭を悩ませていた。またそれとは別に、科学やテクノロジーが産業や経済とますます深く関わるようになり、こうした分野の資料をまとめる必要も感じていた。加えてニューヨークがグローバル経済でリーダーシップを発揮し、地域経済を活性化させるためには、ニューヨーカーの起業家精神を大いに刺激し、それを支えるためのビジネス図書館の存在が不可欠だと考えられるようになった。大規模な利用者の調査（マーケットリサーチ）からも、市民の側に強く存在するビジネスへの「ニーズ」に図書館側が必ずしも上手く対応してこなかったことも明らかになった。「予想外の結果でした」とウィリアム・ウォーカー研究図書館部長は言う。

こうして「シブル・プロジェクト」が立ち上がり、中心メンバーのウォーカーは、各国の図書館を見学するために世界中を飛びまわった。コンサルタント、科学者、企業の重役らからなる諮問委員会を設置する一方で、研究者や起業家、スモール・ビジネスに携わる人々や、外部の図書館司書らを対象に面接調査を行い、構想を固めていった。

電子情報の充実

シブルでは従来の図書館のイメージを刷新するサービスの数々が提供されているが、その目玉と言えるのが地下一階の「電子情報センター」だ。ここでは書棚にかわってインターネットに接続し、高価なデータベースが無料で使える七二台のコンピュータが並ぶ。使用の際には予約が必要で、一回一時間、一日二回まで可能だが、予約が空いていれば継続してそのまま利用も可能だ。また急ぎの場合は、予約なしで一五分だけ使えるインターネット端末もある。各パソコンにはレーザー・プリンターが完備され、プリペイド・カードで精算する。分量が多い報告書などのプリントアウトも楽々だ。インターネットは依然人気が高く、開館と同時に予約が殺到するため、「危ないので走ったり押したりしないように」と注意を呼びかけるアナウンスもあるほどだ。

もっともアメリカでは、九五％以上の公共図書館が市民にインターネットを無料提供しており、データベースもかなり定着してきているが、それでもシブルが他の図書館に比べても群を抜いているのは、ビジネスを中心とした専門性の高いものから一般的なものまで、実に豊富なデータベースを取り揃えているということにある。また、ニューヨーク公共図書館の他の研究図書館に比べても、より多くの電子情報を購読しているが、その理由は情報化が進んだビジネスの世界では、最新情報を入手することが極めて重要になるからだ。

例えば、ある企業の最高経営責任者が朝九時に解雇され午後に新人事が発表されたとすると、オンライン・データベースであれば、瞬時にその最新情報がどんどん更新されるが、紙媒体であればまったくそのペースに追いつかないからだ。もちろん、インターネットなどでもこうした情報は得られるが、有料データベースの詳細で迅速な内容には及ばないのが実情だ。またそれとは別に、データベースの優れたところは、膨大な情報源を横断的に検索でき、瞬時に取り出せる点にある。そして、ひとつのデータベースには数百紙誌、多ければ数万の情報源が含まれていることを考えると、こうしたサービスがいかに市民の調査範囲を広範なものにしてくれるのかがわかる。

シブルでは一五〇種類のデータベースを購読しており、論文集、書評なども最新情報から検索できる。

よく利用されるという、「ABI インフォーム・グローバル」は、米国内外のビジネス、マネジメント、投資、マーケティング関連の刊行物八〇〇以上を網羅、一九八七年以降の記事が検索ができる。また、「ジェネラル・ビジネス・ファイル」は、マネジメント、産業・会社レポート、金融分析などが毎日更新され、一九八二年以降のデータが見られる他、一五〇万の企業情報を調べることが可能だ。

豊富な情報源から必要なものを瞬時に取り出すことにかけては、データベースにかなうものはない。目録や索引を使って関連のバックナンバーを探し出し、それをコピーをするのは気が遠くなるような作業であり、リサーチの範囲も限られてくるため、内容がすぐに更新されず検索もしにくい印刷された年鑑や人名録は、今ではあまり利用されなくなったという。データベースには、要約だけのものもあるが、多くは全文を読むことができる。記事をプリントアウトしたり、ダウンロードも可能だ。また検索した記事には、メールアドレスを打ち込むスペースがあり、自分のメールアドレスに送れば、後で加工したり、データをそのまま保存しておけるものもある。なお、データベースは契約の関係から、館内閲覧のみのものと、インターネット経由で館外から閲覧できるものに分かれる。

余談になるが、何を隠そう元ニューヨーク市民の私は、東京にいながら今でもニューヨーク公共図書館のデータベースを利用する。その方法は極めて簡単で、図書館のウェブサイト(ホームページ)にアクセスして必要なデータベースを選択し、あとは図書館カードの裏側にある図書館カード番号をパスワードとして入力するだけ。これで数百種類の新聞・雑誌記事の検索をはじめ、すべてではないにせよ、様々なデータベースを無料で利用できる。当然ながら、出張で大阪に行こうが、ロンドンに居ようが、同じように必要なものを取り出せる。この図書館では利用者がいつでも、どこからでも、二四時間、情報にアクセスできる体制を作っているのだ。

極めて高い購読料が必要なデータベースが、無料で利用できるメリットははかりしれない。そしてその環境は常に整備されている。図書館では印刷資料と違って利用頻度の高さを把握できるため、利用が少ないものは購読をやめ、必要とされるタイプのものは新しく購読を増やすなど、常に入れ替えが行なわれ、利用者のニーズに合わせた情報提供が可能となっている。

ニューヨーク経済のエンジン

実際、連日調査をしていると、起業家、中小企業の経営者、ビジネスマン、個人投資家や学生をはじめ、データベースが実に様々に活用されているのがわかる。ある起業家は、競合企業の売上高などの情報を集めるために足を運ぶと言った。「他にこんな情報を調べられるところは、ニューヨーク中探してもありません」。将来はテクノロジー関係のコンサルティング会社を興し、グローバルなビジネスを展開したいというエンジニアの男性は、週二、三回やってくる。「この図書館は、公共施設の最もよいモデルだと思う。購入する資料の選択もとても良い」。彼にとっては、国際ビジネス情報が多いのがシブルの魅力だという。シブルの館長クリスティン・マックドーナによると、考案中の商標が使われたかどうか調べる、南アジアの手工芸品を販売する先を探す、イタリアの宝石製造者のリストを探すといった具合で、実に幅広い利用がされているのだという。

電子情報担当者のアン・ソロントンは、図書館の狙いはスモール・ビジネスを支援し、その競争力を高めることにあると言った。「ファッション、インテリア、出版、金融はニューヨークの重要な産業です。ここは、商標登録をはじめ様々なリサーチに使われています」。今やビジネスを成功させる鍵のひとつは、いかに最新情報を多角的に収集し、分析するかにかかっているといっても過言ではない。ところが、繰り返し触れているように商業データベースは非常に高価で個人経営や中小企業ではなかなか購読するのが難しい。実際にニューヨークの経済を支えているのは、多くの中小企業なのだから、その誰もが情報を手に入れやすくすることで、情報のハンディをなくすことが図書館の役割だというのだ。「シブルはニューヨーク経済のエンジンになっているのです」。

もちろん、第一線の企業で活躍する面々が訪れることもある。会社でゆっくり調べ物をする時間がないため、二週間に一度やってきて情報収集するといったのは、コンピュータ・アナリスト。また、大手コンサルタント会社に勤めるというリサ・ベンソンは、「会社にもデータベースはありますが、これほどの種類はありません。記事検索やトレンド・リサーチに会社の同僚もしょっちゅうやってきます」と話してくれた。

国際的なNPOの設立準備調査のため、わざわざ日本からやってきたという人にも会った。「飛行機とホテルの代金を考えても、高価なデータベースをどんどん使えるのはかえって安上がり」だという。「日本の市民は一般に社会を変えるために活動することには消極的ですが、もっと積極的にアピールして、シブルのような図書館を国民の手で作らなくてはいけませんね」。

オフィス代わりに

さらに、金融のプロにはおなじみのブルームバーグの株式情報端末も三台置かれてある。国内・海外のニュース、すべての金融マーケットにおけるデータとその分析を網羅するなど、他ではなかなかアクセスできない情報だけに、毎日通ってくる人も多い(本章扉写真参照)。ディビッド・ローズもその一人。ウォールストリートで二〇年以上勤めあげた彼は、転機を求めて二年前に投資会社を興した。「外国の金融情報がこんなに豊富に、しかも早く得られるところは他にはありませんよ」。七〇歳を越える個人投資家も、頻繁にやってくる。また、ダークブルーのスーツできめた女性は、最近、金融会社を解雇された。就職活動中でも、働いていた頃と同じように最新情報を得たいと言う。端末のまわりは頻繁に利用する顔見知りの常連たちが多く、情報交換も盛んに行われていた。

ちなみにこの端末は、金融経済情報のブルームバーグ社創業者で、現在ニューヨーク市長を務めるマイケル・ブルームバーグ自らが寄贈したものだ。市長になる前は、彼自身ふらりと図書館に立ち寄ることもあったという。ブルームバーグ自身も起業家で、投資会社に勤務した後、株価の情報をデータベース化し、瞬時に引き出せる端末を開発した人物だけに、シブルの活動に共感するものがあったのかもしれない。

さらにシブルの読書室の座席には電源用ソケットと電話のジャックが備えつけられているため、ノートパソコンを持ち込めば、机にいながらインターネットはもちろん、館内のネットワークにつなぐことができる。資料目録やデータベースにもアクセスできるから実に快適だ。これだけ環境が揃っているために、パソコンを持ち込んでオフィス代わりに使う人や、経費削減のためにシブルのオフィスを使う企業もあるという。

調査中、まさに図書館をフル活用して、しかもここを拠点にビジネスまで展開している五十代の男性と知り合った。特に学歴や専門があるわけでもない彼は、自分の最大の趣味である競馬に目をつけて、競馬情報の有料ニュースレターの発行を思いついた。まずは図書館のインターネットで情報収集し、分析し、無料の電子メールを使って八〇名の顧客にニュースレターを送る。「週に三、四回は来ています。おかげで経費はほとんどかかりません。図書館は私のような貧しい者にはじつにありがたい存在です」。

面白い例だが少々やりすぎてはいないかと思い、シブルの担当者に〝告げ口〟をしてみたところ、意外な答えが返ってきた。彼が失業したり、ホームレスになって社会保障のコストをかけるよりも、図書館の資源をどんどん活用してもらって得意分野で「才能」を伸ばし、経済的に自立してもらったほうが、ニューヨーク市にとっても彼自身にとってもメリットが大きい、と言うのだ。

2　行き届いた多彩なサービス

「顧客」のニーズに対応

情報の提供だけでなく、それに付随したサービスの分野でもモデルになるのがシブルの目標だ。「図書館はとかく動きが鈍いというイメージがありますが、我々はカスタマーが必要とする情報を迅速に提供できるように常に努力しています」。シブル館長のマックドーナはこう言った。利用者をカスタマー(顧客)と表現するのがシブルらしい。「単に利用者の要求に応えるだけでなく、どんなサービスが必要とされているかを、我々の側が積極的に探し出していくことが必要です」。最近は、あらかじめ電話か電子メールで必要な本を連絡すれば、カウンターで待たされることなく、すぐに受け取れる新サービスもはじめているが、こうしたきめ細やかな対応はまさに利用者の立場に立ったものだろう。

なかでも力を入れているのが、利用者が求める情報をいかに効率よく探し出す支援をするのかという「レファレンス」の機能だ。館内のカウンターには、数人の司書が常に待機していて、利用者の様々な質問に答えたり、最適な情報源をアドバイスしたり、情報を効果的に探す上でのノウハウまで教えてくれる。「中国で帽子を製造して輸出するビジネスをしたい」といった漠然とした質問にも懇切丁寧に答えてくれる司書が存在していて、実に心強い。

レファレンスは、電話や手紙、電子メールでも受付けており、利用案内のツアーも行う。館内には利用者が情報検索をより的確に行えるように、資料目録の効果的な使い方から、データベースの分野別一覧リストのほか、商標情報を探すための文献や特許情報の探し方などについて、司書が作成したパンフレットが随所に置かれてある。こうした情報源は印刷媒体に限らずデジタル情報も含まれており、これからはテクノロジーにも明るい専門家としての司書が求められていることがうかがえる。

デジタル情報のアクセスを保障

シブルでは自らが持つ膨大な情報と利用者が望む情報をいかに適合させ、利用しやすいものにするのか、という点を重視して運営が行われているが、まさにこうした観点が活かされているのが、ウェブサイトにある「リサーチガイド」だ。図書館に足を運ばなくても、調査テーマに応じて質問に答える形で選択を続け、最終的に必要となる情報がどのようなもので、それがどこで入手できるのかが、具体的に示される「ガイド」になっている。

「リサーチガイド」には一四項目のテーマが並ぶ。「マーケット・リサーチ」の欄をクリックすると、「マーケティングはどんなビジネスにおいても、成功を左右する大切なものである」とその重要性が解説され、それに応じてステップ・バイ・ステップのアドバイスが続く。調査の際には「潜在的な顧客の把握」「競合企業の調査」「ビジネスを行う州の状況把握」といったポイントを絞って調査することが提案され、それぞれに応じた本やオンラインの情報源がリストアップされ、戦略的な調査法もまとめられている。

「国際貿易」では、国別と業種別に項目をわけて情報を整理し、検索しやすい工夫がされ、「会社情報」では、業界別、サービス別に、米国か外国か、民間企業か公共セクターか、株式公開が近いか、などと対象を絞り込むことで、必要な情報にたどり着きやすい工夫がされている。

「スモール・ビジネス」では、マーケティング、プランニング、資金調達などの情報を提供してくれるほか、本やビデオ、データベースの一覧、解説つきのインターネットのリンク集、講座やイベント案内も出てきて、図書館のあらゆる資源がまとめて見られるように編集されている。これまでなら、ばらばらにしか得られなかった情報が、あくまでも調査テーマを軸として見られるのはこの上なく便利だ。

こうしたものを見るにつれ、シブルの情報編集能力の高さを改めて実感する。この図書館では資料を分類番号順に並べ、後は利用者が勝手にアクセスすればよいとの発想はなく、いかに利用者が必要なものにたどり着けるのかにこだわり、様々なアプローチから情報を探しだせるような複数のルートを用意しているのだ。

シブルの情報編集能力の高さは、他の団体からも注目されているが、ウェブサイトにある「スモール・ビジネス情報センター」がその典型だ。これは、ニューヨークの中小企業にターゲットを絞り、地元でビジネスを行う際の関連情報やイベント案内が網羅できるもので、もともとは、ニューヨークを魅力あるビジネスの街にし、経済活性化をはかる目的のNPO「ニューヨークシティ・パートナーシップ」と商工会議所によって立ち上げられた。ところが情報をわかりやすく提供する難しさを痛感、ビジネス情報のプロであり莫大な情報源を持つシブルに協力が求められた。サイトの内容をリニューアルした結果、アクセス数が五倍以上に急増し、今ではニューヨーク市における、スモール・ビジネスの窓口的存在となっている。

情報リテラシーの育成

シブルでは図書館側の努力もさることながら、利用者の情報活用能力の育成を重要課題として受け止め、その向上のための利用者教育にも力を注いでいる。情報は提供する側の問題だけでなく、利用者の活用能力とあいまってはじめてその力を発揮するものだからだ。インターネットが広まった当初は、情報にアクセスできること自体に意義があったが、そうした環境も当たり前になった今、多様な情報から自分が必要なものをいかに戦略的に探し出し、評価し、活用するのかといった情報リテラシーの育成が重要視されるようになっている。このことは、後で紹介していくように、ニューヨーク公共図書館で共通に持っている考え方だ。

パソコンが並んだ「コンピュータ・トレーニングセンター」では、一日に二回ほどの頻度で講座を設けている。シブルではコンピュータの使い方などの講座は行っておらず、あくまでも図書館の情報資源や関連情報を活用することに主眼が置かれている。講座は、大きく五分野に分かれ、基本的なものには、「図書館利用のスキル」(資料目録やデータベースの使い方)や「インターネット・スキル」(サーチ・エンジンの使い方、情報の評価法、職業とキャリア情報の探し方)がある。

データベースの講習会．利用者教育に力を入れたのはシブルが最初だった．
(©Don Hamerman)

その他に、「ビジネス情報」(輸出をはじめるために、トレードマーク入門、

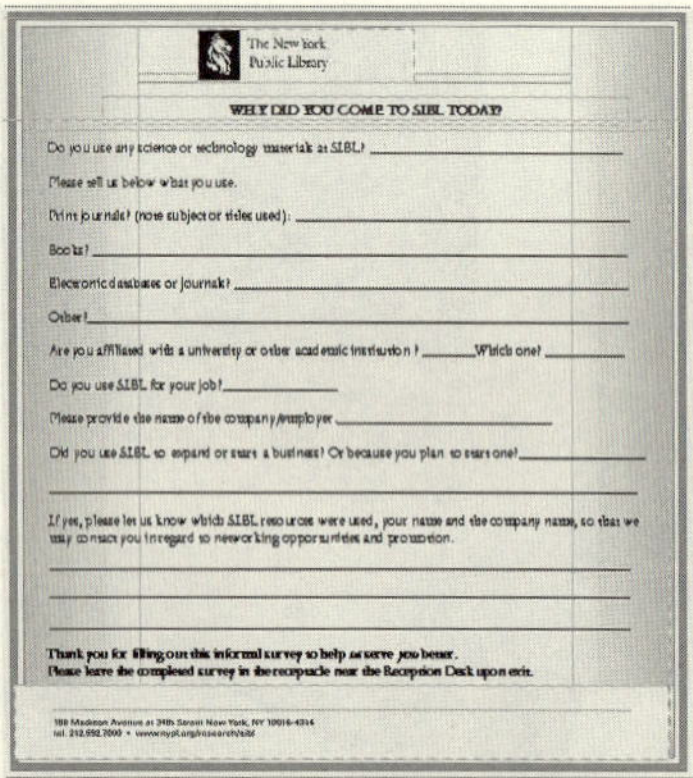
The New York Public Library

WHY DID YOU COME TO SIBL TODAY?

Do you use any science or technology materials at SIBL? ______

Please tell us below what you use.

Print journals? (note subject or titles used): ______

Books? ______

Electronic databases or journals? ______

Other? ______

Are you affiliated with a university or other academic institution? ______ Which one? ______

Do you use SIBL for your job? ______

Please provide the name of the company/employer ______

Did you use SIBL to expand or start a business? Or because you plan to start one? ______

If yes, please let us know which SIBL resources were used, your name and the company name, so that we may contact you in regard to networking opportunities and promotion.

Thank you for filling out this informal survey to help *us* serve *you* better.
Please leave the completed survey in the receptacle near the Reception Desk upon exit.

188 Madison Avenue at 34th Street New York, NY 10016-4314
tel. 212.592.7000 • www.nypl.org/research/sibl

参加者の意見を取り入れ講座見直しに活用．アンケートは貴重な情報源．

マーケット・リサーチ、スモール・ビジネス、株式とミューチュアル・ファンド)、「行政情報」(行政情報入門、立法機関情報の探し方、特許入門、商標入門)、「科学情報」(科学情報入門、特許入門、衣服&繊維、ビルと建設、食品化学、天文学情報)といったものがある。

「インターネット・スキル」のなかの「情報の評価法」の講座を見てみよう。評価の基準を、情報発信の目的や発信者の特性や資格、意見ではなく客観性があるか、扱う範囲は適当か、情報源にかたよりはないか、作成者に連絡する方法があるか、などを複数のもので比較しながら評価をしてみる。いわばメディア・リテラシー教育と言える。こうした講座の数々は利用者に好評で、九六年の開館以来、受講者数が六万五〇〇〇人を突破するほどの盛況ぶりが続いている。

もうひとつ、この講座がユニークなのは、司書全員が講師としての役割を義務づけられている点だ。講座終了後には、毎回、講師のプレゼンテーション能力や内容、教え方を問うアンケートが配られ、その結果は講座の見直し、利用者の新規開拓などに反映される。新しいタイプの司書に必要な技能やコミュニケーション能力が問われていることもよくわかる。こうした講座は、開館当初に比べると、今では格段にコース数が増え、また曜日ごとに同じ分野の講座を行うことになったため、同じ関心分野の複数の講座が同日受講できるようになっている。

しかしシブルではこうした状況に満足せず、電子情報の「食わず嫌い」を解消し、図書館の恩恵を受けてもらえるように積極的にアピールしている。女性やマイノリティ団体に向けた出張講座を開くほか、企業、研究者、教育関係者、起業支援団体など、受講者のニーズに応じたカリキュラムを作成し、トレーニングも行う。マンハッタンのインターネット関連企業が集積するシリコンアレーの振興団体に対して情報トレーニングを行った例などもある。こうしたシブルの成功を受け、情報活用教育の重要性が再確認されたことから、二〇〇二年には人文社会科学図書館にサウスコートセンターという利用者教育の施設がオープンした。

ただし、こうした講座では電子情報の活用法が中心になりがちだが、図書館側では印刷情報も同じように重視している。デジタル情報か印刷情報かといった二者択一ではなく、あくまでも各メディアの特徴をどう活かせば図書館サービスを最大限にできるのかという視点から活用法が提案されている。

専門家によるビジネス講座

さらにシブルでは、専門家の話を直接聞き、同じような問題意識を持つ人たち同士がネットワークできるように、専門家を招いた講座も頻繁に催している。

起業に関するものだけでも、「ビジネスプランの作成法」「自宅を拠点にする仕事」「スモール・ビジネスのための会計」「会社を売り込む方法」などと様々だ。さっそく「インターネットをビジネスにどう活かすか」という講座に参加してみた。

講師は現役のコンサルタント。熱心に聞き入っていた男性に後で聞いてみると、現在はコンピュータ会社に在籍しているが、インターネットを使ったビジネスで創業しようと考えているという。約二〇人の参加者のうち半分以上はビジネスマン。残り半分は起業を考えている三十代が多かった。

講座企画を担当する司書のジャッキー・ゴールドによると、人気の講座はビジネスプランや資金調達、マーケティングに関するものだという。ゴールドは、タイムリーな講座を催すためには、日ごろから最新情報を収集し、外部とのネットワーク作りが欠かせないという。

一方、「スモール・ビジネス・マーケティング」講座にも参加してみたが、こちらも大盛況だった。誰もが専門分野についてはそれなりの知識を持ち合わせているものの、自らのビジネスや製品を社会にアピールしていくノウハウは、大切ながらもよくわからないという人が多いだけに人気講座になっている。

参加者はそれぞれ自己紹介をする時間が与えられるので、お互いを知る機会になり仲間意識が持てるが、それにしても起業の動機やビジネスのタイプは多岐にわたっている。ある男性は、解雇を機に就職情報の収集にシブルに通ううちに、起業意識が目覚めたという。現在はめでたく職を得たものの、起業を決意してその準備のために通ってくる。医学博士の女性は、一五年間医師として働いてきたが、八年前からダイエット関連のビジネスをはじめ、それをさらに飛躍させたいという。定年間近の公務員は、起業の夢を実現させたいと、化粧品のコンサルティング・ビジネスを準備中。パーティー好きが高じて、パーティー・プランナーとなった二四歳の女性や、ブランドイメージを作る難しさを痛感し、ビジネスの見直しをしようと参加した人もいた。

ネットワークの場作り

講師の話も参考になるが質疑応答の時間が長く、参加者からも経験に基づいたアドバイスが活発に出るのが面白い。広告戦略については、記事やニュース番組で取り上げられるほうが広告よりも信頼性が高く圧倒的な影響力があり、おまけにお金もかからないとの「体験談」が出た。そのためにはメディアにプレス・リリースを送ったり、教育や子どもにかかわるニュースになるようなイベント作りが大事だと話す人もいる。また、会社用のロゴを安くつくりたいとの質問には、アート関係の学生に声をかけてコンペにすると安い割りには良いものができるというアドバイスもあった。講座に参加している人たちは、現在直面している課題をなんとか解決し、同じ志を持つ人たちとのネットワークを作るためにやってきているという印象が強い。

講座の感想を聞いてみた。「情報は人に直接聞かなければわからないことが多いが、図書館がその場を提供してくれているのはありがたい」と言ったのは参加者の男性。「経験に基づいたアドバイスが多くて、参加料を支払った講座よりもずっとよかった」という声もあった。講師たちも、生の声をふんだんに聞けて勉強になったと連発していた。

セミナーが終わっても、お互い名刺のやり取りや情報交換で参加者たちはなかなか会場から立ち去ろうとしない。独立してビジネスを始めた人や、創業準備に駆けまわる人たちは、夢に向かって邁進している充実感があるものの、不安もいっぱいなのだろう。こうした状況のなかで、同じ境遇にある人と出会い、励まし合い、情報交換することは何よりも貴重だと言える。なかには講座で知り合って意気投合、共同で事業を始めるケースもあるという。一時間ほどが過ぎてやっと人がまばらになった。参加者たちの多くはまっすぐ帰ることなく、それぞれが目指す本やデータベースをチェックするために館内に散っていった。「シブルのしていることは、ものすごい市民サービスだと思います」と、参加者の一人が語っていたが、その言葉に私も大きくうなずいた。

無料カウンセリング

創業準備をしたり、ビジネスをしていれば、思いがけない壁にぶち当たることは多々あるが、そうした問題は必ずしも情報収集だけでは解決できない場合も多い。図書館ではこうした人たちを支えるために、リタイアした元経営者らが無料でビジネスのカウンセリングに応じるＮＰＯの「スコア（ＳＣＯＲＥ）」と提携し、その出張所を館内に設けている。

スコアは、全米各地に約四〇〇の支部を持ち、一万人以上のカウンセラーを抱える巨大組織である。米国中小企業庁の支援のもと一九六四年に設立され、これまでにのべ四〇〇万人以上に対して無料相談を提供し、多くの起業家を生み出す助けを行ってきた。スコアはシブルと連携し、図書館だけでは対応しきれない具体的なビジネスについて踏み込んで相談にのってくれる。一回一時間だが、もちろん何度相談にやってきてもよい。担当者は複数いるが、同じ人に相談し続ければ、ビジネスの過程を把握してもらい、より的確なアドバイスを得ることもできる。

以前、調査の過程で知りあった女性は、離婚を機に専業主婦から働くことを強いられ、整頓が苦手なことを逆手にとり、整理整頓を請け負うビジネスを始めて大成功を収めた。今ではベストセラーの著書やレギュラーで出演するテレビ番組まで持つようになったほどだ。彼女は料金設定から広告まで、ことあるごとにスコアに通ってアドバイスを得ていた。

「インターネットにはいろいろな情報があると言いますが、実際はインターネットでみてもわからないことが多く、スコアは貴重な存在です。何と言っても個別事例に対して具体的なアドバイスがもらえるので助かります」と、ある利用者は膨大な情報にアクセスできる情報社会でありながらも、スコアの存在意義の貴重さを語ってくれた。インターネットに限らず、図書館でいかに情報を集めても、様々な判断が強いられる局面では、情報だけでは当然ながら行き詰まる。シブルは自分たちができることの限界もよく理解した上で、できることはやる、できないことは外部と連携することでサービスを強化するとの方針を持つ。こうしたところにも、シブルのきめ細かさと大胆な発想が発揮されているのである。

デジタル時代の司書

こうしたサービスを次々に生みだすシブルだが、前出のウィリアム・ウォーカー研究図書館部長は、優れた図書館サービスの必須条件を「豊かなコレクションに加えて、ユーザーとコレクションを結びつける優秀な司書の存在だ」と言い切った。シブルがシブルたるのは、幅広い知識と専門性を持ち、電子メディアにも明るく、企画能力にも長けたフットワークの軽い司書たちがいるからだ。さらにウォーカー部長は、優れた図書館員の条件を「コミュニケーション能力とネットワーク能力を持ち合わせていること」だと言う。

実際、司書たちによるネットワークづくりは盛んで、市の関連団体と密接に連絡を取り合い、収集資料や企画の参考にすることにも及んでいる。そのことを活かした中小企業ビジネス、企業家、NPOなどへの情報提供やアドバイス、ニーズに合わせた情報リテラシーの特別講座なども行っている。

シブルの司書の条件としては、ビジネスとは何かを理解する、サービス対象となる人たちの考え方や視点、気持ちを理解する、そして何より、実際にビジネスに関わる人たちとのネットワーク作りを通して、いろいろなことを学ぶことが欠かせないとも、ウォーカー部長は語った。図書館は利用者のために存在するもので、図書館側がよかれと考えたサービスが利用者にとっては必ずしも的を得たものだとは限らないからだ。実世界に常に身を置くことは、サービスの向上に欠かせない。また資料面では、図書館が持つもの以外にも、デジタル情報も含めて他にどのような情報があるのかを幅広く理解し、さらに欲を言えば、実際に自分もビジネスを興してみたいと思うようなチャレンジ精神とリスクを恐れない前向きの人であればなお良い、というのが彼の考えだ。

シブルのスタッフは約一〇〇人。専門職が司書の資格を持った約四〇名で、あとはパートタイムのスタッフなどから構成される。ちなみに館長のマックドーナは修士号を取得した後、ビジネス・スクールの大学図書館で司書や管理職をつとめた。その間に、近所の高校生から大学生、中小企業から外国企業の重役など多様な人たちと関わり、またビジネス調査のスキル強化プログラムの開発にも従事してきたベテランである。

アメリカで司書というのは、大学院で図書館学を学び修士号を修めた人を指し、日本に比べるとより実践的で専門的な教育を受けている。シブルではスタッフ教育が重視され、ケロッグ財団から五〇万ドル(六〇〇〇万円)の助成を受けて、デジタル情報を扱うスキルや迅速でわかりやすい顧客サービスの向上をはかり、次世代の情報専門家になるための訓練などを中心に据えた研修を行っている。「シブルは、司書にとってのあこがれの職場ですよ」とウォーカー部長は言う。報酬は決して良いとは言えないが、こうした最先端の環境が向上心ある優秀な人材をひきつけ、長く留まってもらうことにつながると言う。

重要な「敷居の低さ」

シブルの利用のされ方は実にさまざまだ。会社帰りや週末に通っては起業準備をする人、リストラされ就職活動をしている人、出世の限界を感じたり、家庭と仕事の両立のために起業を考える女性など……。もちろん大手企業のビジネスマンが調べ物をしていたり、学者が研究に活用したり、ベンチャー精神溢れる学生が情報収集にやってきている例などもある。ここに来れば、本が読め、インターネットやデータベースを使って必要な情報が得られるし、講座やセミナーに参加でき、おまけにプロからビジネス・アドバイスも得ることができる。それに加えて、同じような関心を持つ人たちと直接情報交換したりネットワーク作りもでき、仕事のスペースまでもがある。そして、これらは全て無料で提供されているのだ。

私自身は起業することには全く関心がなかったが、調査で何度も訪れるうちに何かビジネスを興してみたいという気になってしまったほどだ。個人が持っている漠然としたアイディアを育み、膨らませ、実らせるためには、いかに「敷居の低さ」が重要なのかを痛感した。実際、ふらりとやってくるうちに、創業に興味を持ったという人は少なくない。

就職活動を応援

シブルとは少し趣が異なるが、誰もが容易に情報にアクセスできる環境を整えることで、ニューヨーク経済の活性化に貢献している例は他にもある。ニューヨーク公共図書館のミッド・マンハッタン図書館にある「職業情報センター」では、職業を持つことで経済的に自立し、専門的な技能を身に付けて、さらにキャリアを高めていこうとする市民を支援する目的で、就職や転職、専門技能の習得などに関する情報を一堂に集めて提供している。

センターには、関連の書籍、新聞・雑誌、パンフレット、自治体やＮＰＯなどによる刊行物、ビデオ、インターネット端末やデータベースが用意されているほか、公務員や教員などの採用案内や出願書類、各種資格試験の参考書や問題集までもがある。奨学金や就職支援制度の情報などもあるほか、高齢者や障害者に関する就職情報も集めるなどと、きめ細かい。

ここの活動を見ていくと、図書館がいかに市民のニーズに対応したサービスを行っているのかがよくわかる。センターの中央にある柱には『ニューヨーク・タイムズ』『ウォールストリート・ジャーナル』をはじめ多数の経済紙や地元紙から、求人欄だけを切り抜いたものをまとめて張り出している。求人欄だけを集めているから調べるのに便利なのはもとより、求職中で

職業情報センターでは，豊富な資料と専門司書が就職活動を強力にバックアップ．

あれば複数の新聞を毎日購読することは経済的にも負担になるだけに役に立つ。入口付近には、関連の新刊が目につきやすいように凝ったディスプレイが施されている。またお勧めの参考図書コーナーが設けられているほか、政府や各種団体が作成するチラシやパンフレットも資料価値が高いため、項目ごとにファイルにまとめて保存してある。履歴書や面接に関する本だけでも驚くほどの種類を取り揃え、需要が多いのか、同じ本が複数棚に並んでいる。

センターは三〇年ほど前に設立され、就職活動を行なうニューヨーカーたちを支えてきた。週三日は夜九時まで開館しているため、現役で働きながら就職活動をしている人にとっても便利だ。年間一八万人の利用があるが、まさに至れり尽くせりで、やる気さえあればここを拠点にかなりのことが出来るのである。

人気高い履歴書添削や面接講座

センターのカウンターには、常に専門の司書が待機していて、利用者の質問に答えたり、情報を探す支援をしたり、パソコンやデータベースの使い方を教えてくれる。また、ウェブサイトには、司書たちが厳選した数々の就職情報や情報収集のアドバイスが載っている。業種別に探せるように、ファッション、コンピュータ、NPO、エンジニア、女性起業家といった項目に応じて関連情報をリストアップしたものが掲載され、より広い利用者に活用してもらえるように、館内にはこれらをプリントアウトしたものも置かれてあった。受刑者が社会復帰するための就職活動案内や、退役軍人が一般職に就くためのポイントをまとめたガイドブック、海外での就職希望者用に異文化における心得をまとめた冊子なども司書たちが作成する。ここでも図書館が、情報に付加価値をつけることを忘れないのである。

履歴書関係の書籍だけでもかなりの種類．履歴書は就職活動の第一歩だけに力を入れている．

　一方、就職活動者のためのコンピュータ環境も整備されている。アメリカでは日本の履歴書が手書きを重視するのとは異なり、ワープロ書きが基本だが、センターには専用のコンピュータが並んだスペースがある。失業してオフィスがなくなり、コンピュータが使えなくなってしまった市民にはこの上ない場であり、コンピュータになじみのない市民に対しては、履歴書を書くための講座もある。また、公務員の模擬試験が受けられる端末や、関心、能力、経験、価値観などを入力すると、四五〇の職業から適職を選び出し、その職業を得るために必要な訓練、奨学金や技能を身につける学校の情報などを提供してくれる別の端末もある。

各種の講座も催すが、とりわけ人気が高いのは「履歴書とキャリア相談」で、専門家から履歴書の書き方のコツを教えてもらい、自分の履歴書を持参すれば添削までしてもらえるものだ。「面接テクニックを磨く」では、好印象を与えるための話し方やスーツの選び方までをアドバイスしてもらえる。履歴書と面接は就職活動の第一関門となる重要なものだけに、こうした無料講座は願ってもない。「報酬アップの交渉術」といった講座もあるほか、「インターネットを使った求人情報の探し方」も人気が高い。

一方、キャリア形成のために、仕事をいったんやめて大学に戻ったり、経営大学院でMBA(経営学修士号)を取得する人などは少なくないが、就職情報センターのすぐとなりには、「教育情報センター」があり、進学情報を豊富に揃えている。ここには全米各地や海外の大学・大学院、専門学校、職業訓練校などの案内が揃っている。仕事を続けながら学びたい人に対しての、夏季講座や通信教育などの情報も豊富で関連のデータベースも充実している。

就職支援で受賞

このように、図書館は様々な側面から就職活動を支援しているが、求職中は、経済的な理由もあって必要な資料が満足に買えなかったり、オフィスがなくなりコンピュータへのアクセスが難しくなったりするなど、就職活動に不利なことが少なくない。現在、ニューヨーク経済は、同時多発テロ以降の景気後退により、失業者が全国平均よりも高いという苦しい状況にある。しかしだからこそ、こうした図書館の存在がますます貴重になるのだと言える。

日本では就職活動に「ハローワーク」などが利用されているが、就職活動のためには、求人情報とは別に、就職を希望する業界や企業の今後の見通しを調べたり、将来性のありそうな職種を探したり、また技能や資格が必要であればそうした関連情報も必要になるだろう。そう考えると、図書館で就職支援を行う意義は大きいだろう。

折りしも二〇〇三年五月には、職業情報センターのアレクサンドリア・サックス・センター長が、これまでの優れた活動に対してメーハー・スターン図書館優秀賞を受賞した。ニューヨーク公共図書館地域分館のメリー・コーンウェル部長は、「こうした厳しい状況において、センターが地域社会に大きく貢献しているのは大変喜ばしい」と、サックスらの活動を高く評価している。ニューヨークでは当分こうした経済状況が続く見込みだが、だからこそセンターの役割はこの上なく貴重なものだ。就職情報へのニーズは高まるばかりで、センターの利用者数も増加の一途をたどっている。

第2章　芸術を支え，育てる

リンカーン・センターのメトロポリタン歌劇場．すぐとなりにある図書館は，ニューヨークの舞台芸術を下支えしている．

1　舞台芸術を支援する図書館

リンカーン・センターの図書館

マンハッタンはアッパー・ウエスト・サイド。セントラル・パークの西側にある六二丁目から六六丁目の広大なスペースに、演劇、音楽、舞踏など舞台芸術の殿堂として知られるリンカーン・センターがある。正面に堂々とそびえるのが、ニューヨーク・シティ・オペラの拠点メトロポリタン歌劇場。シャガールの巨大な絵画が楕円形の窓からのぞく白亜の劇場は、リンカーン・センターの象徴だ。その左手には、ニューヨーク・シティ・バレエの拠点であるニューヨーク州立劇場、右にはニューヨーク・フィルの本拠地エヴェリー・フィッシャー・ホールが建っている。そしてホールの裏手には、世界的な音楽家の輩出で知られるジュリアード音楽院のキャンパスが連なる。ほかにも、アメリカン・バレエ学院やリンカーン・センター映画協会など、合計一二の団体がここを活動拠点とし、センターは世界最大の文化複合施設を形成している。

この舞台芸術のメッカがひときわ華やぐのは、やはり夜だ。ドレスアップした男女がオペラ、バレエ、コンサートなど世界一流のパフォーマンスに酔いしれる。しかし、アーティストにとっては、当然ながら公演そのものよりも、そこに到達するまでの道のりのほうがはるかに長い。第一章で取り上げたビジネス図書館のシブルが、起業家やスモール・ビジネスの孵化器としてニューヨーク経済を下支えしているとすれば、俳優や音楽家、舞踏家をはじめとしたアーティストたちを支援し、世界をリードするニューヨークの舞台芸術を支えているのも、実はまた図書館なのである。

調査は芸術を生み出す原点

ニューヨーク公共図書館のひとつ舞台芸術図書館は、リンカーン・センターの敷地内、メトロポリタン歌劇場の右後方に建っている。芸術愛好家として知られた故ジャクリーン・ケネディ元大統領夫人や、グレース王妃のお気に入りの場所としても知られる。所蔵資料は九〇〇万点、貸出し資料もそのうち三五万点あり、書籍はもとよりビデオや録音テープなども充実している。舞台芸術の専門図書館としては世界最大の規模を誇り、資料は誰もが無料で利用することができる。

「アーティストにとって調査は創作の原点です。彼らに必要な資料を提供し、新たなインスピレーションを与えるのが図書館の役割です」。ジャッキー・デイビス館長の言葉は明快だった。芸術を生み出すためには調査が必要――、彼女によれば、芸術作品を世に送り出す創造性は、個人の純粋なアイディアのみというよりは、むしろ他人の作品から刺激を得ることで生み出されるもので、時には数百年前のものからヒントを得ることも珍しくないという。そのため

大型改修工事を終えて，2001年に新装開館した舞台芸術図書館．ネットワーク化が進み，展示用ギャラリーができるなど，さらに資料へのアクセスが向上した．(©Howard Heyman)

図書館では、過去の偉業の片鱗を丁寧に拾い集めて蓄積し、広く公開することで、新たな創造に必要な素材を提供し、未来の舞台芸術を育むことを使命としているのである。

「図書館のおかげで、舞台芸術も過去のものとして消え去ることはありません」。俳優、歌手、ダンサーでもあるというオーブレイ・リンチはそう言った。「若い芸術家は、すでに夢を実現してしまった偉大な先輩から学ぶことができるのです」。

舞台芸術図書館とは

舞台芸術図書館は、音楽、舞踏(ダンス)、演劇、録音の四つの部門からなっている。図書館のルーツは今から百年以上前の一八八八年にさかのぼる。ニューヨーク公共図書館の前身となったレノックス図書館が、音楽部門を開設したのがはじまりだ。一九二四年には音楽関連資料の貸出しを開始、三一年には演劇部門、四四年にはダンス部門が設立された。過去五〇年、ニューヨークが国際文化都市として成長するにともなって舞台芸術関連の資料も充実し、六五年には本館から独立し、リンカーン・センターへと移転した。

収集資料は、洗練されたホールでの公演から大道芸までと幅広い。音楽はルネッサンス時代のものからラップ・ミュージックまで、舞踏はクラシック・バレエからフィギュア・スケート、演劇もシェークスピア劇にミュージカル、録音資料も大統領のスピーチから効果音まで、実に広範囲にわたっている。加えて映画やテレビ・ラジオ番組、サーカスやマジック、喜劇や寄席に人形劇、果ては各地のお祭りや美人コンテストなども立派な資料の対象だ。こうした収集方針からも、この図書館では「高級文化」だけでなく「大衆文化」も芸術として大切に扱っていることがうかがえる。

この図書館がさらにユニークなのは、資料全体に占める本の割合が全体の三割程度で大半の資料がそれ以外であることだ。映画・舞台などの台本、楽譜、舞台セットのミニチュア、衣装デザイン、書簡、プログラム、ポスター、写真、ビデオ、カセットテープなど、舞台芸術に関するものは断片まで集めており、このことから「本のない図書館」と言われることもしばしばだ。同じニューヨーク公共図書館でも、人文社会科学図書館では書籍が資料の大半を占める一方で、科学産業ビジネス図書館では、最新情報の入手がビジネス成功の鍵になることから随時更新されるデータベースの購読を増やしているように、各館はそれぞれが扱う分野に応じて、しかるべきメディアを選んで資料を集めているのである。

2 書簡から舞台セットまで多岐にわたる資料

舞台芸術の公共財

舞台芸術図書館では資料収集にあたり、スタッフが直接、個人・団体などに寄贈を依頼したり、競売にかけられているものから掘り出し物を探したりすることもある。また、舞台芸術は身体の動きや歌が中心になるため、公演の模様をビデオテープに収録するが、それを図書館自らが行なうといったユニークな記録方法をとっている。

なかでも重要なのは、個人が所蔵する歴史的価値の高い資料を図書館に提供してもらうよう交渉をする作業だ。二〇〇〇年にカンザス大学から館長職に引き抜かれてきたデイビスは、「赴任前は、ディナーの席で『あなたがお持ちの資料をいただけませんか？』なんてとても言えない、と心配していましたが、丁寧に依頼すればたいていの人が理解を示してくれることがわかりました」と振り返る。こうした反応は、スタッフが舞台芸術の関係者たちと長年築いてきたネットワークと、図書館に寄贈してもらうことの社会的意義を熱心に伝え続けてきた努力の賜物である。この図書館で二〇年以上働いているというベテラン司書は、「アーティストも、自分の資料が図書館に置かれ、様々に活用されることに意義を感じるようになってきています」と説明する。

こうした言葉を裏付けるように、図書館には俳優、劇作家、音楽家、振付師など舞台芸術のキーパーソンにまつわるコレクションが充実している。古いものでは、指揮者トスカニーニの家族が寄贈した一九二六年から五四年までの公演やリハーサルの記録がある。また一九九七年には、往年の大女優リリアン・ギッシュの遺志により、死後に残された彼女の手紙、ビジネス書類、写真、切り抜き帳などが寄贈された。手紙だけでも、当時の舞台、映画、文学、ジャーナリズム、政治に関係する主要な人たちとやりとりされたものが一万点と膨大だが、他に医者の診断書、スケジュール帳、台本などもあり、こうした資料はギッシュの研究だけでなく、二〇世紀の演劇界や映画界を理解する上でも貴重な資料となっている。

ところでギッシュは、一九三一年に、現在の舞台芸術図書館の前身となった本館の演劇部門が開館したとき、ブロードウェイの役作りのために、一番乗りしたことでも知られているが、その後も頻繁に図書館を活用してきた。こうした経験があったからこそ、資料を眠らせておくのではなく広く公開することが、次世代の舞台芸術の振興に欠かせないことを痛感していたのではないだろうか。

草稿にこそ価値

最近では、ブロードウェイの伝説的な脚本家・演出家として知られるエイブ・バロウズが死去したあとに、やはり家族が資料を寄贈している。バロウズが大切に保管していた、写真、ポスター、ビジネス・法律関係の書類、契約書、レコードなどに加えて、作品のオリジナルと世界中で行われた再演記録に関わる資料だ。さらにTV出演の際のビデオテープ、スケジュール帳、スピーチ原稿、未出版記事の草稿、パーティやナイトクラブで披露した歌や音楽、作家のジョン・スタインベックなど著名な芸術家たちと交わした手紙もあり、いずれも貴重なものばかりである。友人や仕事仲間に宛てた手紙からは、彼の考え方や関心事、当時の時代背景、創作上の様々なエピソードなどが浮き彫りになるし、台本の草稿からは彼がどんなせりふやシーンを変え、また使うのを見合わせたりしたかなど、最終的な作品からはうかがい知れない制作の経緯に触れることができる。こうした資料の蓄積は各部門に見られ、舞踏部門にも百万点以上の草稿、振付師のノートや日記、主要団体の契約書や財政記録などがある。

このように「生素材」がふんだんに揃っているのが舞台芸術図書館の魅力であるが、図書館を頻繁に訪れるという劇作家はこう話す。「オリジナルの草稿は、とりわけ役に立ちます。私は完成された作品によりも、世に現れない未完成なものにこそ価値があると思っています。草稿にはメモがたくさん書き込んでありますから、制作過程における作者の思考の流れがよくわかりますし、こうした資料はここでしか得ることができません」。考えてみれば、公に出版されたものは必然的に編集作業を経ており、情報が取捨選択され、ものの断片を部分的にしか伝えきれないという限界がある。それだけに、人物や作品を研究するにあたっては、オリジナル素材が役立つことは間違いなさそうだ。

「音」も図書館の資料

一方、舞台芸術図書館では「音」も立派な資料の一部である。録音部門は、「文化を形成する言葉と音の公共的な収納所」を自認する。話し言葉や音、音楽など、我々の文化を形作る大切なものでありながら、ともすればあっと言う間に消えてしまいそうなものを保存することを狙いとする。ここでは、オペラ歌手のマリア・カラスの公演、作家テネシー・ウィリアムズの詩の朗読、ケネディ大統領のスピーチから、ラジオドラマやテレビの特番まで五〇万本ものテープが集められている。なかには一九〇一年に行われた、オペラの公演記録もある。五〇〇〇本にのぼるドキュメンタリーなど映画のビデオテープ、八五〇〇本の一六ミリフィルムのほか、CDも三万五〇〇〇枚を所蔵している。レコード店などでは絶対に手に入らない類の、まさにオリジナルばかりだ。

利用者にはこうした古い時代のテープもよく活用されている。ロサンゼルス交響楽団などをバックに歌うオペラ歌手のレジャー・パレックは、「一九三〇年代のオペラ歌手がどんな歌い方をしていたのか知りたくて、テープを探しに来ました」と言う。若きラジオドラマ制作者のマット・グリフィンの場合は、「芸術としての音」をテーマにしたラジオ番組を作るために調べ物をしていた。「僕が生まれるはるか以前の公演が残されているのは素晴らしい」と感激気味だ。そんな彼が、今度は自らの手で過去を甦らせるのだ。他にも、なじみのない役柄の話し方を研究する俳優や、レパートリーを広めるために多様な歌い方を研究する歌手、複数の音楽を聴き比べる評論家など、その目的は様々だ。面白いことに、最もよく使われるのは「方言」のテープだという。ニューヨークではプロを目指す俳優予備軍が山のようにいるが、オーディションなどでイタリア系アメリカ人やシカゴ出身者というように、訛りのある英語を話す役柄を勝ち取るための練習用に使われるという。

3　図書館を仕事に活用する俳優や歌手

舞台芸術図書館は、学者や学生などのアカデミックな研究にも活用されているが、むしろその大半は、現役の俳優、作曲家、指揮者、ダンサー、歌手、衣装デザイナー、舞台美術家、振付師、評論家などが日常の〝仕事〟のために活用する極めて実践的な図書館である。考えてみれば多くの〝芸術家〟たちは特定の組織に属さない、いわゆるフリーランサーであるだけに、誰もが無料でアクセスできる情報センターや学習施設の存在は不可欠である。

有名俳優も図書館で「勉強」

確かに、比較的大きなオーケストラやバレエ団は独自の図書館を持っているケースもあるが、コレクションは自らが関わったものなどごくわずかに限られる。大学図書館を利用できる場合でも、研究書が中心で必ずしも実践的な資料は多くない。それだけに舞台芸術図書館には、アメリカ国内はもとより海外からの訪問者も多く、年間四二万五〇〇〇人が訪れる。

この図書館を活用して世に送り出された映画、演劇、舞踏、音楽などは数知れない。「欲望という名の電車」で知られる映画監督の巨匠エリア・カザンもよく利用した。同じく映画監督のオリバー・ストーンもやってくる。人気俳優ロビン・ウィリアムズは、ここのテープで役作りの練習をした。ウディ・アレンも映画の資料集めに頻繁に訪れるし、人気ソプラノ歌手チェチーリア・バルトリも常連だ。ミュージカル「オペラ座の怪人」の俳優ハワード・マックリギンは、新しいCDを出すときの曲決めや、コンサートの準備に足を運ぶ。他にもダスティン・ホフマン、アル・パチーノ、トミー・リー・ジョーンズ、ベット・ミドラー、ライザ・ミネリといった第一線で活躍する俳優や歌手たちも利用している。

予備軍の育成も

もちろん、図書館を利用するのは表舞台で活躍する人だけには限らない。図書館で調べ物をしていた劇作家は、「この図書館は仕事の主要情報源」と言い切った。ここで脚本書きから評論のための素材探し、女優についての情報収集をすることもある。大学図書館には専門的な資料があるものの、活字媒体が中心で得られる情報が限られていると言う。

楽譜が揃った棚を歩きまわりながら手当たり次第に楽譜を取り出し、それに合わせて小声で歌っていた女性は、現役のオペラ歌手だった。彼女は月に一度やってきて楽譜のコピーをとる。色々なタイプの歌を歌うことで声を鍛え上げるためだ。「図書館は、私にとって歌そのもの！ここにくれば必要なものが全て見つかるし、これまでにつくられた歌のほとんどがあるんですもの。素晴らしいと思わない？」。両手を広げて、まさに歌うようにリズミカルに答えてくれた。

演劇関係の棚を巡っていた男性は劇作家。「小説家やノンフィクション作家はまだ一般に知られていますが、私の仕事も実は彼らと同じです。たくさんの資料にあたって、事実に忠実に劇化するためには図書館の資料は不可欠です」。一方、調べ物のために三週間ほどニューヨークにやって来たという舞台監督は、犯罪や刑罰が演劇でどのように表現されてきたのかを、ギリシャ時代までさかのぼって調べていた。またブロードウェイ・ミュージカルの監督は、作品の再演にあたって、これまでにどの歌が加えられ、どれが除かれてきたのか、過去にさかのぼってオリジナルからの変遷を調べていた。この図書館に来れば同じ作品がどう違った方法で表現されているのかを比較できるし、同じ作品が映画、舞台などでいかに異なったものになるかを見ることができるからだ。

大学の図書館にないものを求めてやってくる学生も多く、ファッション工科大学の学生は、レポートを書くために四〇年代の映画における女性のスーツをテーマに調べ物をしていた。実験的な劇場の歴史を調べていた演劇専攻の学生キム・エーカーズは、そうした資料が見つからずに悪戦苦闘していたが、この図書館で関連のある新聞の切り抜きやチラシを見つけたと喜んでいた。

こうした無名の利用者が突然「スター」になることもある。図書館の学芸員のモニカ・モズレィによれば、最近の「サクセス・ストーリー」は、図書館で連日バレエのテープを見ながら振り付けの研究をしていた移民男性が、ニューヨーク・シティ・バレエの専属振付師となったことだ。彼は現在「旬の人」としてメディアなどでも注目を集めていると、モズレィは利用者の「出世」を誇らしげに話してくれた。

レコード会社も活用

面白いのは、図書館がレコード会社と協力関係にあるということだ。コロンビアレコードは、一九三〇年代当時からリリースされた音源を図書館に寄贈しており、またRCAレコードは、図書館と共同でトスカニーニの全作品をCDに再収録するプロジェクトを行っている。歴史的な音楽を再発行する際に、質の高い音を保っている図書館のマスター・テープを利用したり、また音楽出版社の人たちが再発行をするときに社内に残っていない総譜を見るためにやって来たり、ジャズのラジオ放送やミュージシャンへのインタビューを聞きにきたりする関係者もいる。

こうした協力関係は、図書館と企業との間に補完関係ができているからだと言うこともできる。企業は在庫を持ち続けると莫大な経費がかさむために、コストに見合わないものは泣く泣く切り捨てざるを得ない。一方、図書館は文化を蓄積するのが役割であり、そのためにレコードの目録やカタログを作り、ノイズを少なくしたオリジナルの音を生かす記録録音用の技術開発など、音楽が次世代に受け継がれるようにする任務がある。

ところで、館内を巡って他の図書館とは特に異なると実感させられるのは、フロアに陣取る再生機器の数々だ。資料の大部分を本が占める図書館であれば読みとるための機器は不要であるが、映像や音などテープに記録した資料が多いだけに、それに応じた再生機器が必要となる。録音技術の変化にともなって音を記録するメディアも変遷を遂げているが、ここでは初期のものから最新のデジタル録音にまで対応した、多様な再生機器を取り揃えている。

ビジネスとして考えれば全く成り立たないことでも、文化を守り、新しく芸術を創造するのに必要なものを「公共財」と位置付けて、図書館は積極的に提供しているのである。

図書館が公演を収録

図書館自らが公演を撮影し資料化するという、より積極的な行動に出ていることは先にも触れたが、その代表的な存在がTOFT（演劇部門の「舞台芸術の映像とテープ記録保管所」）である。TOFTは、全米の舞台関係の組合からの承認を得て、演劇公演を記録できる唯一の団体である。世界で最も先進的な舞台公演の記録を持つとして、演劇関係のプロだけでなく、研究者、学生、作家、歴史家、批評家、ジャーナリスト、映画やテレビのプロデューサーなどにも貴重な情報源となっているほか、海外の演劇関係者にも活用されている。

今でこそ世界の舞台芸術関係者に広く知られるようになったＴＯＦＴだが、そのスタートはたったひとりの女性のアイディアが発端だった。演劇関係の仕事経験を持つベティ・コーンウェルは、一九六九年に図書館でボランティアを始めた。彼女は舞台芸術という「形のない芸術」を形に残すことで、プロや学生・研究者に役立ててもらいたい、という先見性に富んだ考えを持っていた。コーンウェルはその実現に燃えて、上司に相談してみたものの、すぐに理解は得られず、「三カ月だけ」との条件付きで机と電話を与えられたが、資金は全くのゼロだった。

彼女が最初に行ったのは、舞台関係の組合や、俳優、劇作家、ディレクター、デザイナー、報道関係者などに、テープの記録保管所がどれほど彼らに恩恵をもたらすかを説明することだった。交渉は当初の期限を超え、二年半に及ぶものとなったが、その間の功績が認められ、コーンウェルは七四年にめでたく正規職員として採用され、ＴＯＦＴの実現にこぎつける。

映画「アメリカン・ビューティー」でアカデミー賞主演男優賞を受賞した俳優ケビン・スペーシーは「ＴＯＦＴに舞台の記録が残っているのは、俳優の私にとって素晴らしいことだと思う。コーンウェル氏とスタッフはニューヨークの文化に大きく貢献をしているだけに、さらなる資金と支援を受けるのは当然である」と絶賛している。また、ミュージカルの再演にあたってTOFTを利用したというある俳優は、「TOFTに行けば、必要だと思ったものが必ずあった。ミュージカルが成功したのはまさにTOFTのおかげです」と、コーンウェルあてに礼状を出している。

TOFTではこれまでに、約二五〇〇のブロードウェイ、オフブロードウェイ、全米各地の劇場で上演された作品、演劇関係のテレビ番組や映画、注目すべき舞台関係者約二五〇人のインタビューを自ら記録している。

図書館の演劇部門は一九五六年に続いて二〇〇一年六月に、演劇への卓越した功績に対してブロードウェイの演劇賞であるトニー賞(特別賞)が贈られた。コーンウェルは舞台芸術図書館で三一年間勤めあげ二〇〇〇年に退職しているが、その間にも数々の賞を受け、ピューリッツア賞の演劇部門の審査員も務めるなど活躍している。

問われるスタッフの専門性

現在、舞台芸術図書館では約一五〇名のスタッフを抱えるが、「ニューヨーク公共図書館のほかの図書館に比べても、この図書館では専門知識が何よりも大事になります。舞台芸術は誰もが理解できるものではありませんから、専門性を身に付けていることは、どんな資料を収集するか、どう分類するか、利用者からの質問にどう対応するかなど、あらゆるプロセスで重要になります」とは図書館のベテラン司書。図書館の中心的な役割である資料の収集の際には、どんな資料が図書館にあるのかをしっかりと把握し、それを頭に入れておく必要がある。新しい資料はすでに所蔵している資料との兼ね合いで購入するからだ。また、何が歴史的に価値があるのかをプロの目で見極める専門性も求められる。寄贈の申し出があっても、全てを受け入れられるわけではないから選択眼も必要だ。誰にも使われなかったものが、ある時突然重要になることもよくあるし、意外なところから突然価値があるものが出てくる場合もある。一般家庭から著名なピアニストから贈られたクリスマス・カードが出てきたり、無名のミュージシャンがバーンスタインの楽譜草稿を持っていたというケースもある。

資料の価値をどう考えるかという問題もある。ダンス部門では古くは一五世紀のものから資料を収集しているが、「最近のものも百年先にも使えるような長期的な視点が必要になる」と学芸員のモズレィは言う。そして何より、利用者の立場になって何が必要とされているのかを理解することの重要性を強調する。

スタッフの多くは、大学院を修了して得た図書館司書の学位を持つか、舞台芸術に関する論文を書き修士号や博士号を持つか、あるいは両方の学位を持つスタッフも多いという。学位がない者もいるが、そうしたケースでは実際にダンサーや歌手としての活動経験を持っているか、関連の仕事の経験者で専門性がある人だという。デイビス館長は、学位も重要だが、企画力や運営能力、コミュニケーションやネットワークの能力のように、学問だけでは得られない資質も貴重だという。

舞台芸術図書館で働いていたスタッフが、ここから巣立ってさらに飛躍するという例もある。以前、図書館で働いていた職員が、映画「アダムズ・ファミリー」や「メン・イン・ブラック」といった人気映画の監督をつとめたり、劇作家となってピューリッツア賞を受賞するといった例もあるという。

大型寄付でリニューアル

ところで舞台芸術図書館は、三七〇〇万ドル(四四億円)をかけた三年間にわたる大型改修工事を終えて、二〇〇一年に新装開館した。図書館は総費用の約三分の一を寄付した実業家のカルマン夫妻の名を取って、ドロシー&ルイス・カルマン・センターとも呼ばれることになった。

天井からフロアまでのガラス張りの窓から自然光が差し込む明るい館内には、作業のしやすい幅広の木製の机が並び、カウンターや標示板は赤と黒の色調でまとめられ、シャープで洗練された雰囲気を醸し出す。

一九六五年に移転・独立してから初めての改修を経て、図書館はこれまでと大きく変ったが、なかでも分散していた演劇、ダンス、音楽、録音の各部門がひとつのフロアに集まり、ジャンルを問わずに一度に調査ができるようになったことは大きな変化だ。最近では、舞台芸術においても複数の領域にまたがる新しいタイプのものが増えているだけに、ひとつの領域にとらわれずに幅広くリサーチができることは創作の上では極めて重要である。

デジタル化が進む

しかし何と言っても、最大の変化は館内がネットワーク化され、デジタル化が進んだことだ。「この場所に移動してきた一九六五年当時には、コンピュータもビデオもありませんでしたが、これらは今、舞台芸術の調査には欠かせないものになっています」と学芸員のモズレィは言う。

館内でいつも混みあっているのが正面入口の近くにあるインターネット・コーナーだ。ここでは調査というよりは、電子メールをチェックしている人が多かったが、「修行中」のアーティストの中にはコンピュータを持っていない人も少なくない。最近はオーディションの案内が電子メールで届くこともあって、よく利用されている。また、コンピュータも豊富な上ノートパソコンを持ち込めばインターネットに接続できる読書室もあるが、一般にアーティストたちは資料を使った調査があまり得意ではないと図書館側は認識しているようだ。そこで資料を活用し、それによって創造性をさらに高めてもらえるように、資料目録の使い方から、インターネットやデータベースを利用した情報活用講座にも力を入れている。

もうひとつの変化は、資料の受け取り方が大きく変わったことである。テープに収められた

アーティスト達も，図書館のコンピュータで調査を行い，芸術活動に役立てる．(©Howard Heyman)

音や映像は、かつてのように現物を受け取るのではなく、必要な資料を請求すると、四分ほどで利用者のコンピュータ端末に届く仕組みになっている。利用者が直接テープを手にしなくなった分、いたみが減るという利点がある。

モニターが並ぶフロアでは、画面を睨んでダンスのビデオを見ている人もいれば、バレエの公演を見ている人もいる。二人組の男女は、インディアンの儀式やバリ島や中国の舞踏を見ていた。いずれの利用者も熱心にメモを取ったり、何度も巻き戻して身体の動きをじっくりと見ているから〝研究用〟に視聴していることは明らかだ。舞踏部門ひとつをとっても、バレエ、民族舞踊、モダン、フォークなど、世界でもっとも豊富なコレクションを揃えているだけに利用目的も実に多様だと、学芸員のモズレィは言う。「バレエの再演でオリジナリティを出すために、過去の複数の作品の振付を研究したり、過去のダンサーと同じような動きにならないよう参考にしたり、失敗例は教訓にしたりと、ビデオを見ながらヒントを得ているのです」。

4　ミュージアムとして、情報センターとして

舞台芸術図書館の活動は、こうした資料提供だけに止まらず広範な領域にわたる。ここは舞台芸術の情報センターであり、ミュージアムであり、映像制作センターであり、コンサルタントであり、劇場でもある。実際、この図書館は博物館のように本に限らずより幅広い資料を扱うことが多いため、ここで何度か登場しているモズレィのように美術館や博物館で使われる「学芸員」の肩書きを持つ人もいる。

多彩に芸術家を育成

館内には広々としたふたつの展示スペースがあるが、豊富な資料を駆使して、テーマに沿った魅力的な展示を行なっている。「展示では資料と資料をうまく関連づけて、資料に息吹を吹き込み、生き生きと甦らせることが重要です」とはデイビス館長。二〇〇二年には、著名な作曲家として知られるリチャード・ロジャーズの展覧会が行なわれた。会場には彼の音楽が流れ、自筆の楽譜、チラシ、ポスター、プログラム、写真、新聞記事、映像などがあり、さながら博物館のようであった。

図書館では展覧会のテーマにあわせて、コンサートや演劇、ダンスなどの公演、講演会、朗

読会、パネル・ディスカッション、セミナーなども同時に開催する。改修中の二〇〇〇年には、作家オスカー・ワイルドの没後一〇〇周年記念の展覧会が催され、その際にも様々な関連イベントが行われた。図書館の学芸員は、「展覧会というのは、我々が持つ資料をショーウィンドーに並べるようなものです」と言った。請求しなければあえて眼にふれないような資料を宝の持ち腐れに終わらせず、魅力ある形で広く公開することで、いかに資料への市民の関心を高めることができるのかが問われる。「オスカー・ワイルドに関しては、これほどの規模のものはそう行なわれませんから、私自身もとても興奮しました」。

19世紀の舞台芸術をテーマに本館で大規模な展覧会が行なわれた．豊富な資料を広く公開する，まさにショーウィンドーの役割を果たす．(同展覧会プログラム表紙)

二〇〇一年には、一九世紀のアメリカの舞台芸術を紹介した大規模な展示が四二丁目の本館の展示場で行われたが、舞台芸術図書館が所蔵する当時のパンフレットや写真、手紙などが豊富に展示され、当時の様子が手に取るようにわかるものだった。

もちろん、こうした展示とは別に、講演会や公演も頻繁に行われており、現在制作中の演劇台本を朗読するという実験的なものから、ベテラン評論家が選んだ新進評論家の作品の朗読会というユニークなもの、またスペインやフィリピンなど外国の舞台芸術の紹介や、ニューヨーク・フィルをはじめ、アート団体のインターネット戦略をテーマにした運営面やビジネスに関する実践的な講演会といったものもある。

キャリアを築くための支援も

図書館では、舞台芸術そのものに関するものだけでなく、その運営やアーティストの活動全般に関わる情報も提供する。舞台芸術の運営に関したところでは、財政、法律、アート・マネジメント、教育、マーケティング、助成、資金集めといった分野も網羅する。充実したウェブサイトには、舞台芸術に関する関連資料を所蔵する他の図書館のリストや、評論、コンサートやコンクールのスケジュールから、健康管理や助成金の案内、書類の書き方のノウハウ、業界団体や組合、学校やスタジオの案内、政府や業界の動向や各国の情報までが掲載され、得られる情報は多い。

また、館内には掲示板もあり、助成案内、各種レッスンの募集、公演案内など利用者の情報交換に活用されている。図書館に併設されたホールでは、コンサートなどが連日催され、市民が舞台芸術に親しむ場であると同時に、アーティストたちの発表の場を提供する役割も果たしている。

5　ビジュアル時代に対応した図書館

「切り抜き」を集める図書館

ニューヨーク公共図書館には、舞台芸術図書館と同様に、「ビジュアル・イメージ」の蓄積を特長として、広告やデザイン関係のクリエーターたちに刺激を与え続けている図書館もある。専門館のミッド・マンハッタン図書館にある「写真コレクション」がそれだ。

何と言うことはない、雑誌広告の切り抜きを集めただけのファイルを取り出してみると、単なるがらくたの集まりにも思える。収集されているのも、そろばん、建築、野球、デザイン、衣装、猫、花、家具、電子機器、犬、家、食品、香水、化粧品、酒、ワイン、ビール、タバコなどだ。けれども、その項目数は一万二〇〇〇にものぼる。ここには総数で五〇〇万点の切り抜きや写真が収められており、古くは一七〇〇年代のものまであるのだ。こうしたタイプの資料をこれほど所蔵しているのは公共図書館では世界最大という。

館内では、カウンターに座った司書が雑誌や新聞を黙々と切り抜いては整理・分類し、項目別に次々とファイルに放り込んでいる。これらのファイルにはページをまるごと切り抜いたものや、絵葉書、写真などが、無秩序に投げ込まれてあるだけ。例えば「保険」の項目ファイルであれば、保険会社の広告や保険にまつわる報道写真、保険会社のビルの外観といった具合だ。ちなみに「日本の歴史」というファイルには、小和田雅子さんの皇太子との婚約、一九八〇年の自民党選挙、田中角栄元首相の逮捕、二八年ぶりの帰国をはたした横井庄一さんのヘアカット、富士山、六本木や銀座の街並みの写真などがあった。

様々な写真を眺めながら，創作に活用する利用者たち．

　閲覧室には、指輪の広告や手のひらの写真など、なにやら手のイメージだけを机いっぱいに広げていた女性がいた。じっと見入っている彼女に聞くと、手をテーマにした広告をデザインしなければならず、発想の参考にするためにやってきたという。ほかにも、馬の資料を見つめる男女、歌舞伎の写真を広げて思案する大学院生など、写真コレクションならではのユニークな光景が繰り広げられている。ファッション関係の大学に通う学生は、時代ごとのファッションのデザインや色が参考になると、「衣装」のファイルを丹念に調べていた。実際、ファッションの街ニューヨークだけあって、衣装の項目がもっとも人気が高いという。これらのコレクションは、広告関係のアーティスト、デザイナー、演劇・映画関係者、ウェブ・デザイナー、大学の研究者や美術大学の学生などに活用されている。コレクションは一度に五〇枚まで無料で借りることができ、年間約六万人の利用者がある。

ビジュアルで記録

一九一五年、二万三五〇〇点の資料を本館の一室にまとめることから始まった写真コレクションは、一九二六年に独立した。この背景には、一九〇〇年代初頭から、活字メディアが次第に写真、イラストなどの視覚芸術にとってかわられるようになり、こうした関連産業が盛んなニューヨークだけに、映画、劇場、広告代理店、出版社、ファッション関係者の間でこうした資料へのニーズが急速に高まったことがある。そして一九二七年、この新しい部署に配属になったロマーナ・ジャビッツが、その後の資料の充実に尽力したのである。ここでも目的意識を持ったスタッフの功績があったと言える。

ジャビッツは芸術を学んだ経歴に加えて、ヨーロッパ各国の図書館を訪ね、写真資料の収集や分類について学んだ経験から、アメリカがいかに人々の日常生活など過去の記録をないがしろにしてきたのかを実感していた。彼女は、メディアとしての写真の潜在的な可能性にいち早く気づき、アメリカの現代文化を記録したものに誰もがアクセスできるような体制を築くことが重要だと考えた。ちょうど三〇年代、四〇年代には、映画関係者がこのコレクションを頻繁に利用するなかで、自らの所蔵写真を納めるようになり、また『ニューヨーク・タイムズ』や『ニューズウイーク』といったメディアも、報道写真を寄贈するようになる。予算不足にもかかわらず、ジャビッツが友人の写真家などに寄贈依頼をしたことも手伝って、四〇年にわたるキャリアを通してコレクションは発展した。また資料の利用を容易にするための分類方法も研究してきた。

このユニークなコレクションは極めて高く評価され、多くの人たちに刺激を与え続けているが、ジャビッツはアメリカで最初の装飾芸術に関する「アメリカ・デザイン目録」を作成するなどの業績でも知られている。入口のガラスケースには「視覚芸術に欠かすことができない刺激の源を提供してくれた学芸員、ロマーナ・ジャビッツの功績をたたえる　一九六七年」と記されたメダルが飾られている。

現在、写真コレクションではデジタル時代に対応するために、アメリカの歴史、衣装、人、ニューヨークといった最もよく使われている項目から三万点がデジタル化され、「デジタル・コレクション」として公開されている(第五章参照)。

メディア・センター

他にもうひとつ、独自の資料収集方針でアーティストたちの創作活動を支えている図書館がある。観光客におなじみの近代美術館(ＭＯＭＡ)の向かいにあるドネル図書館の「メディア・センター」だ。ここでは、マスメディアだけに止まらず、あらゆる視点を大切にするという方針で、独立系（インディペンデント）のドキュメンタリー作品を中心に資料が収められている。

ニューヨーク州教育省が収集していた映画作品を、一九五〇年代にドネル図書館に寄贈したのがセンターの始まりで、五八年に図書館の一角の小さな部屋に「映画資料館」が誕生。七六年には、州の芸術評議会からの助成をもとにメディア・センターとして独立した。当時の所蔵ビデオには、メディア芸術家のナムジュン・パイクの前衛的な作品をはじめ実験的なドキュメンタリーが多かったが、その後はテレビ番組のビデオを購入するなど幅を広げていく。

とりわけここで充実しているのが、独立系の映像作品や実験的な作品、またドキュメンタリーや、エイズ、ホームレスなど社会問題を題材にした作品の数々だ。一六ミリフィルムによる独立系の映画作品も八五〇〇本に及び、地下の倉庫には古びたフィルムが整然と並んでいる。普段なかなかお目にかかれない一六ミリフィルムが、ここではいとも簡単に見ることができるのである。

最近ではDVDも収蔵資料に加わった。書籍も充実しており、映画関係の参照用図書が二四〇〇冊ほどあるほか、定期刊行物も一七〇種類以上購読している。まさに、映像を愛する人にとってはたまらない空間だ。マリー・ネスザス主席司書によると、ハリウッド映画のような人気の高いものは最初の半年くらいは貸出しが殺到するが、その後は急激に人気が衰えてしまうという。その一方で、日本映画をはじめ諸外国の作品は長期にわたって利用される。

「ここに来れば、レンタル・ビデオ店にないような作品がありますから」。映画製作に携わるという男性がこう話すように、人々がメディア・センターに足を運ぶのは、まさに他にはない作品を手に入れるためだ。映像作品の製作者、映像研究者、学生、映画批評を書くジャーナリストなども利用する。放送局が映像を探しに来ることもある。

ニューヨーク出身の映画監督として知られるスパイク・リーも学生時代から頻繁に利用していた。母校ニューヨーク大学にはないものが、ここでは手に入ったからだという。彼がニューヨーク大学在学中に製作した作品のなかには、メディア・センターから借りた映像の一部を無断使用したものもあったのだと、司書のひとりが教えてくれた。著名なドキュメンタリー作家ケン・バーンズも駆け出しの頃に足繁く通った。貴重な映像の数々は海外からの訪問者もひきつけている。

映像資料で調査

ビデオの棚をあちこち見まわっていた舞台女優は、大学を卒業してちょうど一〇年。学生時代は大学図書館を利用していたが、社会に出てからは必要なものを借りられるところがなく、月に二、三度、図書館を利用している。「新しい役を貰うたびにここに来て研究しています」。その日はアフリカや動物関係のビデオを数本抱えていた。「ブロードウェイでピーター・パンの役を貰ったんです。サルの真似をするシーンがあるのですが、サルの動きを研究するためにビデオを探していたのです」。

ドキュメンタリー、映画、旅行など南アフリカに関係したビデオを七本抱えていた女性は、南アフリカをテーマにした映像作品を製作する下調べにやってきていた。絵画の研究をしているという芸術大学の学生は、大学図書館にあまり資料がないため週に二回ほどやってくる。経済的な余裕がない彼にとっては、「ここはまさに天国」。刺激を得るために、画家の伝記から絵画に関わるものなら何でもビデオを借りている。美術関連の財団で働くという女性は、アメリカの芸術の検閲の歴史を調べていた。「テレビ番組やハリウッド映画のビデオは比較的入手しやすいですから、手にいれるのが難しい独立系の作品を図書館が収集しているのは賢明だと思います」。

映画研究の博士号と司書資格を持ち、二〇年以上にわたってニューヨーク公共図書館に勤めているネスザス主席司書は、「私たちの世代なら、何かを調べる時にまず浮かぶのは本でしたが、最近の若い人は映像も調査資料の対象と自然に考えてくれるようです」と映像作品の利用法が変わりつつあると指摘する。「最近は、レポートを書く高校生や大学生から、本を問い合わせるように、こういうテーマについてのビデオはありませんか、と聞いてくることが多いんです。若い世代にとっては映像はより身近なメディアになったのでしょう」。

一方、センターの豊富な映像素材を使って書かれた本も多く、最近では死刑をテーマにした本が出版されている。また、デンマークの女性が二年間かけてこの図書館で映像を調べてノンフィクションを書き上げた例もある。豊富な映像資料があり、テープの再生速度を変えられる機材なども揃っているだけに調査には格好の場所だ。また、利用者がフィルムを持ち込んで再生機を使って映像を視聴することも可能だ。

制作者と意見交換

メディア・センターでは、未来のアーティストを育てることにも心をくだいているが、その好例が「制作者に会おう」という三〇年近い長寿イベントだ。作品上映後に制作者自らが解説を行い、作品をめぐって聴衆と活発に議論を行うものだ。批評を受けることで作者が得るものも多く、また参加者は作品だけではわからない制作のプロセスや作者の意図などを知る貴重な機会となる。このイベントはテープに録音されセンターの資料にもなっている。三〇年に及ぶイベントだけに、すでに他界してしまった監督もおり、議論に投影された彼らの考え方などの記録は貴重な資料となる。「生きている監督でも記録の価値は十分あります。アーティストの考えは常に変わっていきますが、意外と本人はその変遷がわからないのです。五〇歳の監督が三〇歳の時にここで話したテープがある可能性もあります。当然ながら当時とは考えも変わっているはずですから、本人にとっても貴重な資料になりますし、映画教育にも利用して欲しい」とネスザスは言う。

メディア・センターも、二〇〇一年に市や連邦政府からの資金をもとに新装開館している。

最新の再生機が導入されたり、個人視聴用のスペースも拡大し、利用環境は大きく改善されている。新しい芸術を生み出すためには、自らの可能性を存分に追求できるような自由で開かれた空間が必要だ。そして「芸術のメッカ」ニューヨークでは、図書館がそうした環境を作り出しているのである。

第3章　市民と地域の活力源

地域分館はニューヨーカーのもうひとつの書斎であり，リビングルーム．なかでも最も美しいといわれるジェファーソン・マーケット分館．

1　評価を高めたテロ事件への対応

調べるニューヨーカー

ニューヨーク公共図書館には、これまで紹介してきたようなビジネスや舞台芸術など、専門テーマに特化した資料提供を行う四つの研究図書館のほかに、ニューヨークに網の目のように張り巡らされた地域密着のサービスを行う八五の地域分館がある。こうした二つの相反する性格をあわせ持つのが、ニューヨーク公共図書館の大きな特徴であるが、何と言っても地域コミュニティに根ざした分館は、ニューヨーカーにとってはより身近な存在だ。

市民にとって図書館がいかに重要なものであるのかを示すデータがある。ニューヨーク市五地区全体の図書館来館者数は年間四一〇〇万人。この数は、市内の全文化施設への来館者とメジャーなスポーツチーム観戦者を加えた数をしのぐほどだ。また、図書館はニューヨークの市民サービスの中で常にトップにランクされ、二〇〇一年の調査でも八二%のニューヨーカーが「良い」「大変良い」と高く評価している。まさに、ニューヨーク公共図書館は、市民サービスのお手本と言えそうだ。

ところで、分館の魅力は何と言っても、研究図書館と違ってジャンルを問わず一般向けの資料を幅広く所蔵してあり、貸出しが受けられることだろう。ニューヨーク州に在住するか、通勤・通学するか、財産税を払っているか、などの条件を満たせば、誰もが無料で、またそれ以外の市民は年間一〇〇ドル支払えば貸出しカードを取得することができる。二〇〇一年の調査によると、分館の図書館カードを所有する市民は一七〇万人、利用者はのべ一三〇〇万人にのぼる。全分館には一〇六〇万点の所蔵資料があり、のべ一三四八万点が貸出された。

日本との最も大きな違いとして指摘できるのが、アメリカでは地域の図書館は、市民のくらしを幅広くサポートし、また地域の情報拠点という役割を担っている点だ。各分館には、調べ物のためにやってくる市民のために、事典、辞書、統計、地図、報告書はもちろん、環境、医療、教育などをはじめとする様々な分野の参照用図書や、索引などが揃ったコーナーが設けられている。加えて、分館の地域情報サービス部門が厳選した「地域情報サービス・コレクション」の棚もあり、エイズ、教育・就職・職業訓練、政府、社会・健康、住宅・消費者、障害者、親・子ども・ティーン、高齢者、といったテーマや対象ごとに、ガイドブックなどが用意されているほか、一般的な書籍に限らず、政府、NPO、学校、市民団体による冊子やチラシ、パンフレットなどの情報もファイルにまとめられている。

さらに、資料の利用や検索などに関して質問ができる専門のレファレンス・カウンターもあり、ここには司書が常駐し、市民が必要とする情報にたどり着けるよう丁寧にアドバイスをしてくれる。ちなみに、二〇〇一年には全分館で六三四万件の資料相談が寄せられているが、まさに図書館は日常生活に欠かせない情報センターとして、ニューヨーカーから頼りにされていると言えそうだ。

資料提供に止まらず、多様な講座も充実している。読み聞かせ、詩の朗読、参加者全員が同じ本を読んで議論するブック・ディスカッション、法律や税金相談、料理教室、語学講座、放課後教室、なかにはドラッグ・アルコール講座、妊娠カウンセリングといったものまである。二〇〇一年には、こうした無料講座が二万七〇〇〇回催され、のべ五〇万人の市民が参加した。

どの分館を訪ねても共通しているのは、市民にとってのもうひとつのリビングルーム、あるいは頼りになる書斎といった雰囲気で、気軽に立ち寄って利用できるアットホームな空気が充ち満ちていることだ。各分館は地域の特色に応じて開館時間も違えば、所蔵資料やサービスのあり方も微妙に異なっている。芸術家が多く住む分館では、地元アーティストの作品を発表できるギャラリーを併設している例もある。「図書館は市民のために存在するわけですから、地域の人口統計などを使ったり、地元の様々な団体とネットワークしながら、常に市民がどんな情報を必要としているのかを的確に見つけだすように努力しています」と、ケイ・キャセル分館副部長は言う。市民が必要としている情報を積極的に探し出し、情報面で支援するのがまさに分館の役割と言える。そして、こうした姿勢は緊急事態においても遺憾なく発揮されているのである。

テロ情報サイトの立ち上げ

二〇〇一年九月一一日。普段と変わりなく出勤したニューヨーク公共図書館司書グレッグ・カレンバーグは、勤務するミッド・マンハッタン図書館に到着後間もなく信じがたいニュースを知ることになる。世界貿易センタービルに飛行機が激突、ビルが倒壊しかけているという。世界中を驚愕させた同時多発テロ事件の朝だった。この日ニューヨーク公共図書館は緊急事態として閉館。しかし自宅に戻ったカレンバーグは、「地域情報を担当する自分にできることは何か」と真剣に考え続けた。

テレビなどのメディアはあっという間にテロ報道一色になった。しかし扱うのは事件そのものばかり。トーンも感情的なものが多く、ニューヨーク市民にとって実際に役立つ情報はほとんどない。「市民が使える地域情報の提供は、図書館がすべきこと」。そんな思いを新たにした時から事は一気に進む。カレンバーグはテロ事件を受けて市民が必要とする情報を想定し、翌日にはそれらに対応した情報源をまとめたウェブサイトを立ち上げるという早業を成し遂げたのだ。

東京にいた私がテロ事件を知って最初に考えたのは、地域情報の拠点である図書館が、こうした緊急時にどのような対応をするのかということだった。事件直後から頻繁にウェブサイトをチェックし始めたが、事件から二日後に情報満載のサイトを目にした時には、改めて図書館は地域情報を発信する「コミュニティ・メディア」だと痛感し、その素早い対応に感心した。少し脇道にそれるかもしれないが、アメリカでは「引っ越したらまずは図書館へ」と言われることは珍しくない。ある時、マンハッタンのトンプソン・スクエア分館で調査をしていた時のこと。引っ越してきたばかりだという女性が駆け込んできて、地域の地理や学校、医療機関などについて司書にあれこれ相談しているのを目撃したことがある。図書館は地域コミュニティの情報センターとして、市民にしっかり定着しているらしい。

そう考えると、図書館がテロ事件に関する情報提供を行なうことはごく自然なことだと言えなくもないが、それにしても緊急事態にこれほど迅速に対応できる情報の蓄積と実行力を備えていることには驚くばかりである。

マスコミ報道に欠けているもの

ウェブサイトを立ち上げたカレンバーグの判断が正しかったことは、その後すぐに証明される。テロ事件に関する報道はあっという間にメディアを独占し、世界中に大量の情報が溢れていたにもかかわらず、そこからすっぽりともれているものがあったのだ。ニューヨーカーの間では、家族、親戚、友達、同僚などの安否確認などをはじめ、即座に役立つ情報が必要とされていた。事実、図書館にも様々な問い合わせが殺到しはじめていた。まさに図書館の出番だった。

サイトにある「緊急電話番号リスト」の項目には、病院、警察、災害支援団体や市の緊急用窓口、世界貿易センタービルにオフィスを持つ金融機関などの一覧、病院、学校、公共交通機関や空港などその他交通機関の運行情報、献血、寄付、ボランティア、保険などの各種相談窓口などの案内情報が掲載された。

それ以外にも、メールで司書に問い合わせができる体制を整えたり、事件の背景を理解するための、中東、イスラム、異文化理解、宗教などをテーマにした推薦図書リストもあった。また、苦痛を感じる市民に向けてのカウンセリング情報も提供された他、事件に衝撃を受けた子どもや大人が精神的に安らげるような、詩や小説、セラピーなどの本の一覧も掲載されていた。インターネットの特性を生かして情報はほぼ二時間ごとに更新され、内容は日ごとに充実度を増していった。

そのすぐ後、テロ事件の記憶が生々しい一〇月には、フロリダ州の住民が炭疽菌を患ったことから、さらなるテロ攻撃の始まりではないかと市民を震撼させた「炭疽菌事件」が起こったが、その際にも図書館はすばやく対応した。生物兵器によるテロとは何か、その対処法や、関連書籍リストやリンク集をただちに作成したのだった。

こうしたウェブサイトの立ち上げが速やかに可能となったのは、ニューヨーク公共図書館の日ごろの情報収集活動や数々の地域団体との広範なネットワーク作りの賜物である。「もともと我々は、多くの地域コミュニティについての情報を膨大に蓄積していますし、長年にわたって市の各部署や地域の団体と密接な関係を築いてきています」とカレンバーグは言う。ニューヨーク公共図書館地域情報部門では、地元の行政や民間団体、NPOなど、市民に様々なサービスを行なう組織のデータベースを独自に構築している。数年前までは年鑑として発行していたものを、今ではウェブサイトで公開している。「シニア」「保育園」などのキーワードを入力すれば地域の関連団体の連絡先などが簡単に検索できる優れたものだ。今回のウェブサイトは、このデータベースに蓄積されたものを情報源として再加工したものも多かった。公共図書館は地域情報の宝庫であり、それだけに緊急時にも瞬時に対応できたのだ。

仕事場の提供

地域分館では、ウェブサイトを通じた情報提供だけに止まらず、インターネットにアクセスできない市民のためにプリントアウトした資料も用意した。また、図書館をあげてテロ事件に対するサービスを強化し、情報提供や関連講座も催した。不安定な生活が続くなか、市民は様々なタイプの情報を必要とし、図書館を利用した。電話が不通となった市民や、自宅にコンピュータを持たない人たちが、家族や友人とのコミュニケーションのために図書館の無料インターネットを使って電子メールを利用する例も多かったという。一人で部屋にいるのが不安という一人暮らしの市民が、安らぎを求めて図書館に足を運んだケースもあった。

事件はニューヨーク経済に大きな打撃を与え、失業者も続出したため、図書館には豊富な求人情報や就職関連情報を求めて多くの市民が殺到した。プロのコンサルタントが履歴書を添削する「効果的な履歴書の書き方講座」の参加者は事件前の二〜三倍に増え、インターネットを使った「就職情報の探し方講座」にも人が溢れた。

一方、科学産業ビジネス図書館(シブル)では、テロによってオフィスや仕事を失った市民の増加に対応して、作業スペースを提供すべくノートパソコンを持ち込めば仕事や就職活動ができるよう、インターネット接続用ジャックを急遽増やしている。館内でビジネス関連の相談を受け付けているNPOの「スコア」も、テロを対象とした緊急救済貸付の申請の記入方法を説明するなどの支援活動を行った。また、シブルのウェブサイトにも、テロ関連の緊急支援策などの情報がリンクされている。

図書館で癒し講座も

市民のニーズに対応した講座は、前に述べたものも含めて充実していた。コミュニティの絆を強めるプログラムも盛んに行なわれ、地域に住む人々の間で、テロや戦争、アメリカの中東政策などについて議論する講座も設けられた。移民が多いニューヨークだけに、異文化の人たちが安易な偏見に晒されないように、コミュニティの多文化共存をテーマとしたディスカッションも催された。

事件直後はただ驚くばかりの市民にとって、テロが次第に苦痛に変わり多くの人の心を蝕むようになったことも深刻な事実だった。実際にニューヨークでは、愛する人を失った人も多い。図書館ではこうした事態に対処するため、地域の医療関連団体と共同で、ストレス、うつ、不安、悲しみ、空虚感、トラウマなどをテーマに、心理学者、セラピストなどの専門家を招いて講演や質問会を行なった。同じ悩みを抱える人が集い、自らの考えや体験を共有したり、専門家に直接質問できる機会は得がたいものだったに違いない。

さらに地域情報部門では、情報提供を充実させるべく、精神的な苦痛を持つ人々が相談できる地元の関連団体のリストを作成し、各イベントで配布するなど積極的な活動を行なった。また、テロ事件は大人だけでなく子どもたちにも大きな衝撃を与えたが、子どもが悲しみを乗り越えられるように、癒しのための朗読会、救助隊に感謝を表す工作講座なども開かれた。ティーン向けにはテロをテーマにした詩の創作ワークショップなども行なわれ、ウェブサイトで作品が公開された。さらに、親や教師のためには、子どもへの接し方やテロ事件の説明の仕方といった講座も行なわれるなど、子ども向け活動も充実したものだった。

テロ後に利用者急増

講座には地元の様々な団体から持ち込まれた企画も多かった。地域団体が公共図書館を活動拠点に格好の場と捉えている背景には、行政や商業的な見地から離れた、あくまでも独立した立場から公平な情報提供を行なう「コミュニティ・メディア」として位置付けていることがある。そして何より、図書館は幅広い層の市民が数多く訪れる格好の公共空間なのだ。

テロ事件という市民にとっては悪夢のような事態に際して、市民に必要な情報を提供するなど図書館の迅速な対応は、市民の大きな支持を獲得した。テロ事件以降、ニューヨークの公共文化施設では軒並み利用者が激減し関係者が頭を抱え込んだのとは対照的に、ニューヨーク公共図書館ではテロ後数週間で、利用者が一気に一二％増加、貸出し数にいたっては一九％増と跳ね上がった。地域情報担当司書のジェーン・フィッシャーは、「これまで図書館を利用しなかった人たちに対しても、いかに役立つところなのかがアピールできたことも大きいのでは」と分析する。従来からの利用者は情報を求めて図書館に足を運び、試しにやって来た人たちは図書館の価値を理解し、繰り返し足を運ぶようになったというわけである。

こうしたテロに対応したサービスは地元ニューヨークばかりでなく、全米各地の公共図書館でも行なわれている。阪神淡路大震災においても、マスメディアは地域に密着したきめ細かな情報を提供しきれず、コンピュータ・ネットワークが大いに役立ったといわれるが、果たして今、日本でこのような事件が起こった場合、図書館、あるいは他のコミュニティの団体は一体どんな対応をするのだろうか。

ポール・ルクラーク・ニューヨーク公共図書館館長は、テロ事件に対しての図書館の役割をこうまとめている。「図書館は常に我々の民主主義を守る砦となってきましたが、それが今ほど必要とされていることはありません。自由な考えや情報の交換、そして人々の結びつきは市民社会にとって最も重要なことなのです。こうした価値観が、ニューヨーク公共図書館、ひいてはアメリカ中の図書館で、情報の提供や講座の開催などを通して再確認されているのです」。皮肉なことではあるが、テロ事件は市民社会における図書館の意義をアピールする絶好の機会となったようだ。

2 高まる医療情報へのニーズ

医療情報への関心の高まり

図書館は市民生活のあらゆる局面を支援する役割を担っているが、ここ数年で最もニーズが高いもののひとつに医療情報がある。健康を維持し、最善の治療法や病院を選択するためには、情報収集が鍵になる。老後が気になる高齢者、アルツハイマーの親を介護する息子、年老いた親が服用する薬の副作用が気になる息子、子どもの病気を心配する母親、乳ガンの治療法を選択する女性、妊娠したティーンなど、多くの市民が情報収集のために図書館に足を運び、インターネットで情報収集を行っている。

「市民が医療情報を求めて図書館にやって来るのは昔からのことですが、問い合わせの量や必要とされる情報のレベルが明らかに変わってきました」と話すのは、米国立医学図書館・公共情報部のメラニー・モリドンだ。かつて医者と患者の間には知識と情報の大きな格差が存在し、市民は無条件に医師に全てをゆだねてきた。しかし、保険制度の改革や消費者意識の高まりを受けて、医療・健康情報を求める市民はこの二〇年ほどで急増。今や市民は医療サービスを受けるにあたっても、病気に関する情報を収集し、医師と話し合い、時には医師の意見を疑い、別の治療法を探るなど知的武装を始めつつある。市民の情報収集力は、医師と対等に近い関係を築き、また自ら判断を下すためにも有効だ。

米コンピュータ企業インテルのアンディ・グローブ会長は、前立腺ガンを患った際、自ら徹底的に情報を収集し、さまざまな治療法の利点と欠点を分析して、最終的に放射線治療を選んでいる。その経験をまとめて『フォーブス』誌上で発表し、話題を呼んだ例があるが、こうした事例もモリドンの指摘を象徴するエピソードだろう。

地域の健康情報センター

こうした現状を受けて、ニューヨーク公共図書館は一九九八年、国立医学図書館からの四五万ドル(五四〇〇万円)の助成金をもとに、地域分館の医療健康情報を充実させるべく「コミュニティ健康情報センター」プロジェクトを開始した。国立医学図書館が公共図書館に助成金を提供したのは初めてのことで、プロジェクトには医療教育団体や民間企業も支援を行なっている。各地域分館では、参照用の医学辞典、統計、白書、医療機関や医師のリストをはじめ、治療、処方薬、医療保険、介護、健康維持、ダイエット、エクササイズ、栄養といったテーマについて、本、雑誌、録音図書、ビデオ、インターネットでの情報提供を充実させている。ミッド・マンハッタン図書館二階には「健康情報センター」があるが、分館よりも幅広く専門的な資料を揃えている。病人と見受けられるような人が、自ら調べものをしている姿もよく見かける。

さらに、健康情報センターではチラシやパンフレットの収集にも力を入れている。政府や自治体、各種団体が発行するパンフレットは、病気の特徴や予防法など専門的なものをコンパクトにまとめてあり、役立つものが多い。地域の各種医療機関や医師、医療・保険制度といった、対象がごく狭い地域の住人に限られる情報や、イベント案内のような期間限定のものなどは、本や雑誌では扱いにくい。この種の情報は各団体がそれぞれ個別に配布していることが多いため、図書館はそれらをまとめて収集し、ファイルなどに整理することで、市民が貴重な地域情報にまとめて一度にアクセスできる環境を整えている。

医療ウェブサイトの立ち上げ

図書館は、各メディアの特性をふまえたサービスの展開に熱心だ。本はひとつのテーマを掘り下げてじっくり理解する上では格好だが、同じテーマに関する情報を多角的に得るためには必ずしも適当ではない。その一方で、インターネットはいつでも、どこからでも利用でき、網羅的な検索が可能な上、更新が頻繁で最新情報が得られ、基本的には無料で利用できるというメリットがある。

ニューヨーク公共図書館はこうした性質が医療情報の提供に格好だと考え、一九九四年という早い時期から、ニューヨーク市の他のふたつの公共図書館や医療図書館、州立図書館などの地元の組織とともに、商務省の通信情報インフラ支援の補助金などを受けて、医療ウェブサイト「ニューヨーク・オンライン・健康アクセス」を立ち上げている。

このサイトの最大の特徴は、医師をはじめとした医療関係者と図書館司書がチームを組んで制作に当たっていることだ。ここで提供される情報は、すでに他のウェブサイトで公開されている情報にリンクを張ったものだが、他のサイトとの大きな違いは、掲載する病気などの項目やそれに即した情報の選択に図書館の司書が深く関わっていることだ。司書は日常的に直接利用者から質問を受けるなど、地域でどんな情報が必要とされているのかを最も熟知している立場にある。こうした特性を生かして、司書がまず市民に必要とされている項目を洗い出し、医師がそれに応じた情報を選び出すのである。制作者が一方的に項目を決めてしまうのではなく、あくまでも市民のニーズに応えたものになっている。

サイトには、病気や健康維持に関する情報もさることながら、地元ニューヨークに即した病院やホスピスの情報が数多く含まれており、市民に役立つ医療情報源として高く評価され、賞も受けている。サイトは移民にも配慮した、英語とスペイン語の二言語で書かれ、ひと月に三五万以上の利用があるという。

他の分野と同様に、ニューヨーク公共図書館では医療関連のデータベースも無料で提供している。データベースには三〇〇の健康関連の刊行物と一二〇〇のパンフレットが全文取り出せるものや、二〇の健康参照図書が検索できるもの、また、米国で認可されている全処方薬、サプリメント、市販の薬品の情報が集まったものなどがある。より専門的な調査には、学術雑誌五四〇誌の全文と五七〇誌の要約が調べられるデータベースも利用でき、図書館カードがあれば暗証番号を使って館外からでもウェブサイト経由で閲覧が可能だ。

「民主化」する医療情報

ニューヨーク公共図書館では、インターネットで無料公開されている「メドライン・プラス」の利用も奨めている。メドライン・プラスは、国立医学図書館が作成し、政府関連団体の刊行物、研究報告書、パンフレット、新聞・雑誌記事、報道発表などを情報源とし、年間一億以上のアクセスがある世界最大の医療ウェブサイトだ。

国立の図書館によって制作されているために、他のサイトとは違い、広告の掲載や、特定の企業・団体および製品の優遇はしないという明確な方針を持っている。また、医療専門家によるチームが慎重に吟味した情報だけが加えられ、半年ごとに全ての情報に誤りがないかチェックも行われるという徹底ぶりだ。多くの公共図書館のお墨付きがあるだけに、このサイトを定期的に利用する人の二割の人が図書館の紹介でサイトの存在を知り、一割は図書館からの接続だという。

市民が活用する上で、他の分野と同様の支援活動として、健康情報センターにはメドライン専門の端末が置かれ、司書が市民に代わって調査を行うといったサービスがあるほか、インターネットを活用した「健康・医療情報の収集法」といった医療情報講座も連日開かれている。国立医学図書館も公共図書館と共同で、利用教育のプロジェクトに乗り出している。

司書にアドバイスを受け，乳ガン関連の情報を収集する女性．豊富な医学関連の資料は最善の治療を考える上でも有益だ．

変わる医師と患者の関係

医療情報は患者だけに限らず、現場で医療に携わる人や未来の医療を支えることになる学生にも必要とされている。健康情報センターで医薬品事典を見ながら調べものをしていた看護婦は、「医師とは違って、私たちは大学図書館などはなかなか利用できないので、図書館は格好の勉強の場です」と言った。週に一度はやってきて、日ごろの疑問をまとめて調べるのだという。また、データベースへのアクセス環境が十分でない大学や専門学校、地域の医療機関、NPO、福祉団体の関係者にも利用されている。

ところで、患者が主体的に情報収集を行い知識を獲得することは、医師とのコミュニケーションをはかる上でも極めて重要である。ワシントンDC郊外のアーリントン公共図書館では、「病院にはある程度勉強してから来てもらいたい」と、地元の病院が図書館に五〇〇〇ドル(六〇万円)を寄付し、精神病、妊娠、栄養学、健康保険などに関する本やビデオの購入に充ててもらった例もある。医師によっては「素人」のにわか仕込みの知識を嫌うなど、懸念する医師もいないわけではないが、患者や家族が情報収集によって病気を理解し、最良の治療法を自ら選択をすることが望ましいと考える医師は多い。

かつて市民が医療情報を得るためには、複数の本にあたったり、雑誌のバックナンバーを探し出すなど気の遠くなるような労力と時間が必要であった。しかも、それ以前の問題として、そもそもどんな医療情報が役立つのかもわかりにくかった。しかしここ数年、市民向けの医療情報の環境は格段に進化した。外出もままならない病人やその家族にとっては、インターネットやデータベースを利用すれば、居ながらにして必要な情報を簡単に引き出せるようになった。オンライン上の情報は本とは違って「貸出し中」で見られないこともないし、毎日のように更新されるから常に最新情報を得ることができる。新しい治療法、新薬の開発といった情報はタイミングが重要だ。こうした情報源にいつでもアクセスできるということは、数万冊の関連文献を常に手元に置き、必要に応じて効率よく情報収集してくれる心強いアシスタントを得たようなものである。

図書館ではこのように、インターネットを介した情報提供に力を入れる一方で、医療情報の収集にあたってはインターネットの断片的な情報だけでなく、他のメディアとあわせて利用することを奨めている。市民には必要なテーマに応じて、本を読んだり、講座で専門家の話を直接聞いたり、同じ境遇の仲間と情報交換したり、相談窓口で質問したりと、多角的に情報を得ることが必要とされている。

アメリカの公共図書館がデータベースを提供するなど、医療情報の充実のために莫大な資金を投入している背景には、図書館を市民の医療情報の拠点として位置付けることが、健康維持や病気の早期発見につながり、ひいては社会保障のコスト削減につながる、という予防医学の観点からの戦略的思考と無関係ではない。さらには、年齢層、関心ともに幅広い背景を持つ市民が数多くやってくるという公共図書館の利点を生かして、「虫歯予防週間」から「ガン撲滅月間」まで、市民の意識を高める医療キャンペーンの場としても活用されている。こうしたイベントに合わせて、パンフレットを配布したり図書館が持つ医療情報の有用性を説明すれば、さらに効果は高まるというわけだ。

最も重要な情報

超高齢化社会が到来している日本では医療保険が破綻しかけている。しかしながら、情報化社会の中で市民がどのように健康を保ち、そのためにはどのような支援が必要であるかといった、市民主体の医療のあり方に関わる議論はほとんどない。その点でも、市民主体の医療のあり方の選択肢のひとつとして、誰もがアクセスできる信頼性の高い医療情報の整備が日本でも必要になるのではないだろうか。公共図書館は、地域社会の医療情報の窓口として、また医療教育の場として、幅広いサービスを提供することで、国民の健康や高齢化社会を支える一端となることができるかもしれない。

米国立医学図書館・公共情報部のメラニー・モリドンに、図書館が医療情報を提供する意義について聞いてみた。「公共図書館の役割は、市民が必要とする情報を誰もが得られるようにすることです。人間にとって一番大切な命や健康にかかわる情報は、図書館が提供するものの中でも最も貴重ではないでしょうか」。彼女はこともなげにこう言った。

3　未来を担う子どもを地域で育てる

もうひとつの学びの場

これまで見てきたように、「起業」「芸術」あるいは市民のくらし全般を支えるといった活動も「未来をつくる」上では重要だが、文字通り未来社会を担う子どもたちの豊かな創造力や情操を育み、また思考能力を育成する上でも図書館は大きな役割を担っている。

最近はアメリカでも日本と同様に、子どもの読書離れが加速しており、読み書き能力の低下も指摘されている。もともと移民が多いため、基本的な英語能力が十分でない子どもも少なくないという事情もある。こうした現状をふまえて、図書館では児童サービスを充実させ、就学前の子どもには本の楽しさを、学校に通う児童に対しては、子どもの新たな興味を引き出し、本や資料など情報を活用した学習方法を身につけてもらうための活動を行なっている。

学校帰りの利用が大半だが、不登校の子や、最近増えつつあるインターネットを使ったEラーニングやホーム・スクーリング、あるいはコミュニティ・スクールなどで学ぶ子どもたちにも、図書館は欠かせない存在だ。図書館は固苦しい学校とは違って、のびのびとした雰囲気のなかで自由に過ごすことができる魅力溢れた空間なのである。

ビジョンある司書の貢献

ニューヨーク公共図書館では、八五ある分館のほぼ全てに「児童室」を設けるなど、児童サービスにも力を入れている。いずれの児童室にもカラフルなテーブルや椅子が並び、ぬいぐるみやおもちゃが飾られ、絨毯に寝転がったまま本が読めるところもある。ニューヨーク公共図書館で最も豊富な児童コレクションを所蔵するのが、ドネル図書館の児童室だ。この児童室は、「くまのプーさん」のオリジナルのぬいぐるみや「メリー・ポピンズ」のコレクションでも知られており、室内には色とりどりの花が飾られ、足を踏み入れただけでわくわくしてしまう。

児童室の歴史は古い。かつてこの図書館の司書であったキャロル・ムーアは、児童サービスを単なる学校の補完だけにとどめるのでなく、子どもの学ぶ力や読書を愛する心を創造的で楽しい環境のもとに育むことを目指していた。今から百年近く前の一九一一年、彼女は児童室の前身となるスペースを自らの手でデザインするのだが、その空間づくりは高く評価され、全米各地の図書館にあっという間に取り入れられた。ムーアは資料購入の際も量より質にこだわり、また専門的な文献もあわせて収集することで、学者、作家、イラストレーター、教育者、学校図書館司書などが児童書の研究や創作に活用できるように配慮するなど、児童サービスの充実と地位向上に大きく貢献した。

現在、ニューヨーク公共図書館は全体で一八〇万点以上の子ども用の絵本、小説、ノンフィクション、雑誌、ビデオ、カセット、CDなどを所蔵しており、ドネル図書館には単館としては数多い一一万点以上が揃っている。外国のおはなしや民話も五〇カ国以上から集められ、「桃太郎」や「一寸法師」などもある。古いものでは三世紀前の資料も所蔵するなど、全米でも有数のコレクションを誇り、研究センター的な機能も果たしているため、公共放送(PBS)の子ども番組の制作などにもよく利用される。

子ども向けの講座も豊富で、ゼロ歳児を対象にしたものからティーン向けまで、ドネル図書館だけでも年間二〇〇回以上が企画されている。本や絵本の読み聞かせ、詩の朗読、作家やイラストレーターによる講演会、詩や物語の創作と本づくり、教育的な工作、おもちゃ、ゲーム、ダンス、人形劇、音楽、映画など、講座の内容は実に幅広い。日本人にはおなじみの紙芝居やあやとり、折り紙講座などもある。夏休みには、五〇年も前から続けられているセントラル・パークでのおはなし会もある。

育児に悩む親を応援

子どもにとって親は最初の教師であり、家庭は最初の学びの場であるとの考えから、児童サービスの対象には親も射程に入れている。育児や教育に関連した資料も充実させており、子どもの読書について相談を受ける窓口もある。図書館のウェブサイトには、司書が厳選した育児情報のリンク集があり、さらに「子どもが読むべき一〇〇冊」、「三歳になるまでにできること」、「障害を持つ子どもがポジティブに生きるための本」「家族ぐるみの読書のヒント」といった推薦図書の冊子も独自に制作する。カラフルでイラストたっぷりのこうした冊子は、新刊を中心に出版社が宣伝用に作る図書案内と違って、純粋に「良いもの」という基準だけで、出版年や出版社を問わずに選んでいる点が評価され、多くの学校や他の公共図書館でも利用されている。

ドネル図書館は、オフィス街にあることから、会社の昼休みに子ども用の本を借りに来る親も多い。こうした忙しい親でも参加できるようにと、ランチタイムに昼食持込み可で、専門家らによる育児講座も行っている。よりよい育児を望む親から育児に戸惑う親まで、さまざまな悩みを専門家に直接相談できる格好の場だ。そして何より図書館は、育児に悩みながらも都会で働く親たちが情報交換をしたり、交流を深めたりするためのネットワークの場としても機能している。週末には、図書館併設の大ホールでコンサートやミュージカルなども開かれ、児童室もいっそうにぎやかになる。

教員訓練も図書館で

ところで、調査を進めるにつれて、多くの教師たちが児童室はもとより、図書館の実に様々なジャンルの資料を利用していることがわかってきた。ある中学教師は「学校図書館は子ども向けの資料ばかりで、教師に役立つものがほとんどない」ともらしていたが、授業設計や教材作り、また研究のためには、幅広い分野の網羅的な情報が必要であり、学校図書館だけでは決して十分とは言えないという。実に、公共図書館は教師たちのアイディアの宝庫にもなっているのだ。

ドネルの児童室には、教師に役立ちそうな資料を集めた「教師コーナー」がある。教育における情報テクノロジー、国際理解教育、教員の能力開発、文学、書評、教育関連の雑誌・新聞などもあり、司書が厳選した教師向けの情報源をまとめたパンフレットも役立ちそうだ。データベースも充実しており、一〇〇〇近くの刊行物が検索できるものや、四五〇の教師向け専門雑誌の全文が引き出せるものもある。

児童室では教員研修も行なっているが、ある土曜日に行われた「物語を生き生きとしたものに」という講座に参加してみた。メディアが溢れる時代に育った子どもたちが、伝統的な読み聞かせではなかなか満足しない現状を受けて、歌やぬいぐるみなどのビジュアル素材や音楽を効果的に交えた読み聞かせを専門家に学ぼうというものだった。よい物語の選び方、子どもの参加を促す方法などの講義があり、講師が実際に実演してみせる。確かになじみのあるおはなしも、ぬいぐるみや音楽やアクセントの鐘の音が加わると、とても生き生きしたものになる。参加した三〇名ほどの教師たちは、すっかり楽しくなって拍手で盛り上がったほどだ。

その後、教師たちは講義をふまえた授業例を考案し発表した。「ただ朗読するだけでなく、動物の名前を問いかけて覚えさせるなど、学びのコンセプトを組み込むと良いと思います」など、教師たちからは授業で使えるアイディアがどんどん飛び出す。ブロンクスから参加した小学校教師は、子どもたちがなかなか授業に集中しないのが悩みだと言っていたが、「これなら楽しいし何より簡単だから、ぜひ試してみたい」と表情を明るくさせた。「読み聞かせはいろいろな教科に組み込めるし、応用が利きそう」という声もあった。案内によると、次回は「折り紙を使った算数の授業作りワークショップ」が開かれるとのことだった。

ニューヨークではこのように、子どもの教育を学校のみにゆだねるのでなく、学校と家庭と地域コミュニティが連帯して行うという方針が打ち出されている。そして、こうした地域ぐるみの教育の拠点として、公共図書館が位置づけられているのだ。

学校と図書館を結ぶ

親に対しては、図書館の利用促進はもちろん、子どもの教育への関与を促したり、家庭で読書習慣を身につけさせるためのアドバイスや、選書のコツを教えたりする。また、子ども向けには、宿題の支援や、放課後・週末の講座をはじめ、夏休みの読書イベント「サマー・リーディング」などを行っている。このイベントは、ニューヨーク・メッツの野球選手がPRに参加していることもあって、子どもに大人気で五万人もの参加がある。夏休みというゆとりのある中で、たくさんの本を集中的に読み、一つのテーマについてじっくり考えることができることもあり、読む力を育むには格好のイベントだと好評だ。

こうした実践の背景には、一九九一年にニューヨーク市全体で始まった「図書館と学校をつなぐ」というプロジェクトがある。先の「物語を生き生きとしたものに」の講座もこのプロジェクトの一環で、参加者には修了証が授与された。プロジェクトの狙いは、ニューヨークの学校と公共図書館の協力関係の強化にある。教師とのネットワークを築くため、図書館司書自らが地域の学校へ出向き、図書館の情報資源や利用法をわかりやすく説明し、その場で図書館利用カードの申し込みを受け付ける。またその逆に、教師が生徒を引率して図書館に足を運び、利用法を説明してもらったり、図書館の資料を活用して授業を行なうこともある。

このような積極的な動きに加えて、授業や宿題で図書館の資料が大量に必要な場合には、教師があらかじめ知らせておけば、図書館が授業用の資料を学校に届けることも行われるし、子どもたちが大勢図書館に押しかけても、すぐに資料を渡せるような仕組みができあがっている。最近は、「総合学習」で日本の子どもたちが公共図書館を利用する例も増えているが、一度に同じ資料が請求されるため図書館は対応に困ってしまう、と言う話をよく聞く。しかし、こうしたシステムがあれば、図書館も柔軟に対応できるかもしれない。

さらに、選書や講座の企画にあたっても、図書館は教師と頻繁に情報交換を行い、授業をサポートするために必要な資料について話し合いを持つこともある。こうした図書館のきめ細かな対応の甲斐もあってか、ニューヨーク市全体では毎日一〇万人もの子どもが図書館に足を運ぶほか、年間二万五〇〇〇以上の講座が開かれ六〇万人が参加している。

ブルックリンの児童館

ニューヨーク公共図書館の管轄する地域外の例だが、ニューヨーク市においてもブルックリン公共図書館はとりわけ斬新な児童サービスで知られている。中央館の大きな扉を引いて中に入ってみるが、何度やって来ても、ものすごい話し声が吹き抜けの入口ホールにこだましているのには面食らう。ここでは「図書館では静粛に」という常識とは全く無縁の世界が広がっている。「常識破り」はそれだけではない。入口ホールの右奥には、「スターバックス」を思わせる明るい感じのカフェもある。

「うわぁ、これはまさに子どものパラダイス！」。中央館にある「ユース・ウィング（児童館）」にはじめて足を踏み入れたときに浮かんだのは、こんなフレーズだった。ユース・ウィングは、二五〇万ドル（三億円）をかけた改装工事を終えて一九九九年にオープンした。資金源は官民の両方からだが、その半分近くは過去最高寄付額の一〇〇万ドル（一億二〇〇〇万円）を寄付した女性によるものだ。開館式典には地元ブルックリン出身の映画監督スパイク・リーも参加し、子どもたちのサイン攻めにあっている。

ブルックリン公共図書館は、学校帰りの子どもの面倒を見ることに力を注いでいる。現在のアメリカでは大半の親が仕事を持っており、子どもたちの多くは鍵っ子である。この図書館はこうした社会の変化を敏感に嗅ぎとり、子どもたちの放課後を充実したものにするための「健全な学びと遊びの場」を提供しているのだ。「子どもが非行に走るきっかけは、多くの場合、放課後に起こります。子どもたちが行き場を失ってぶらぶらするのではなく、図書館に来て自由に勉強したり遊んだりできれば、健全な子どもの育成にもプラスになるはずです」。こう話すのはユース・ウィングの児童サービス担当司書だ。

放課後になると、この長方形のスペースは子どもたちで溢れんばかりのにぎわいをみせる。

思い思いに本を読んだり、宿題を片付けたり、コンピュータでレポートを書いたり、友達とおしゃべりにこうじたり、子どもたちは本当に楽しそうだ。図書館はお行儀良く静かにしなければならない場所ではなく、勉強しながら友達と意見交換や議論をする場としてとらえられている。

館内のテーブルでは、子どもたちが本を山ほど積み上げ、時に真剣に、時に楽しげに勉強しているが、多くの場合はグループ学習だ。「放っておいても、子ども同士が集まれば何とか解決するものです」と言うのは、司書のアリ・セダン。居心地の良さも手伝ってか、中央館への来館者のうち、子どもとティーンが占める割合は三割にのぼるという。

宿題支援も充実

ユース・ウィングは、公共図書館が学校教育や学校図書館の補完的な役割を果たせることを示している。アメリカでは調べもの学習が多く、学校図書館の資料だけでは限界がある。その点、公共図書館では豊富な資料を生かして、子どもたちが小さいうちから、情報を収集し、評価し、それらを使って考えをまとめ、文章で表現したり、発表する力を身につけるため図書館利用教育に力を入れている。一方、学校図書館は、開館時間が短く週末には休館してしまうため、クラブ活動などで忙しい子どもたちにとっては不便極まりない。豊富な資料があり、夜はもとより週末にも開館している公共図書館は、子どもたちにとっては、ずっと「使える」場所なのだ。

ブルックリン公共図書館では、放課後に、読み書き能力の向上、読書クラブ、コンピュータ教室、ビデオ制作といった子ども向けのプログラムを多数用意している他、工作や音楽の教室なども ある。何と言っても羨ましいのは、「宿題ヘルプ」という担当者がいて、子どもたちの勉強の面倒を見てくれることだ。授業中に理解できなかったことや宿題などを親や兄弟、友達に聞きたいところだが、皆それぞれ忙しくて力になってもらえないことも多いだろう。また、移民の子どもであれば、親が必ずしも英語に堪能でなく、親が面倒をみられないという事情もある。そんな時、宿題ヘルプに駆け込むことができれば何と心強いことだろう。こうした支援は他の公共図書館でも広くおこなわれており、たとえばニューヨークの隣のニュージャージー州ニューアークでは、公共図書館に教師が常駐して子どもたちの宿題の面倒を見ることが制度化されている。

さらに、一般用ウェブサイトとは別に、子ども専用のサイトを別に立ち上げ、子ども向けの推薦図書リストや、宿題に役立つ情報源を示している。勉強とは異なるが、なかなか親や友達、教師にも言えない、恋愛、いじめ、人種差別などの悩みを相談できる窓口の案内や関連図書を集めた情報も提供している。時には人気作家と〝チャット〟ができるイベントもあり、図書館を楽しい場にするための工夫が凝らされている。

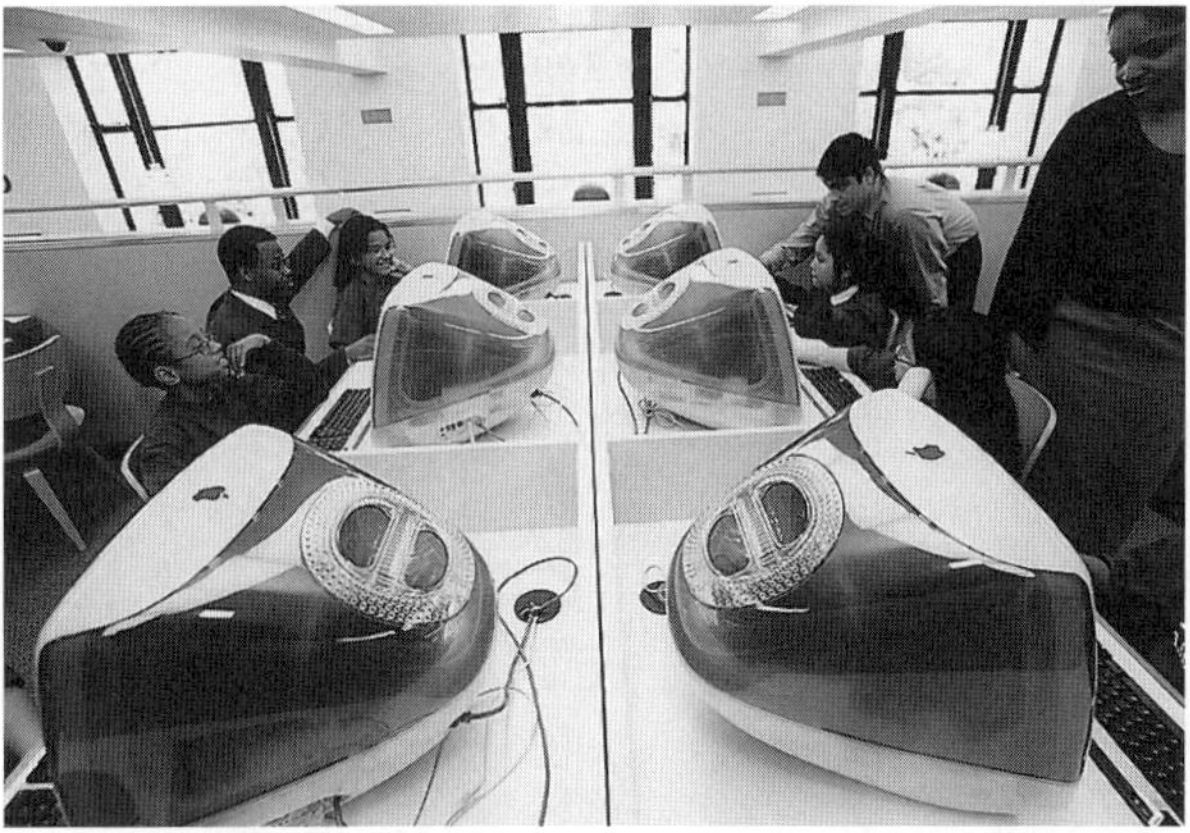

コンピュータがずらりと並ぶ中2階は，子どもたちの天国だ．専属の司書がアドバイスもしてくれるから，宿題も楽々．(©Mike Kamber)

中二階のパソコン天国

しかし、何と言ってもユース・ウィングの目玉は、一階のフロアからほんの少し階段を上った中二階にある「テクノロジー・ロフト」だ。隠れ家ふうのちょっとあやしい雰囲気がただよう、たまらなく素敵な空間だ。ここには、カラフルな三六台のマッキントッシュのコンピュータが並び、五歳から一八歳までの子どもなら、一回一時間で誰もが自由に使うことができる。バリアフリーの設計で、車椅子でも行き着くことができる。コンピュータにはワープロや表計算ソフト、代数、科学、つづり方など豊富な教育用ソフトウエアが内蔵され、高速インターネットにも接続されている。スキャナーにレーザー・プリンター、カラー・プリンターまでもが揃っている豪華さだ。

ある火曜日の午後、パソコンのデスクは満席状態。インターネットで宿題用の文献を探している子、レポートを書いている子、ソフトの使い方がよくわからなくて戸惑っている子もいれば、作業途中で画面がフリーズし泣きべそ状態の子どももいる。「ロフト」には二人の常駐スタッフがいて、フロアを行ったり来たりしながら、インターネットやデータベースの使い方についてアドバイスをしたり、宿題の質問に答えたり、グループ学習の面倒をみたりしながら、マシンのトラブルにも対応する。

このテクノロジー・ロフトは、平日の午前中は地域の学校やグループなどの団体利用のために開放されている。アメリカの学校では日本よりコンピュータが普及しているといわれるが、特に公立の学校では台数が足りなかったり、回線が遅かったり、そもそも教師がコンピュータ・スキルに長《た》けていない場合もいまだにある。教師が生徒を連れて来て、「ロフト」でコンピュータを使った授業を行うこともあれば、教師と生徒が一緒に司書から指導を受けることもある。また、地域のコミュニティ団体が研修などに使うこともある。

月曜から木曜の午後は、一般の子どもたちが勉強目的に、金曜の午後と土曜の午前は遊びのためにも利用できる。土曜の午後と日曜は宿題の利用に限定されている。金曜日に訪ねた時にはゲームをしている子もいて驚いたが、特に禁止はしておらず、勉強の気晴らしになれば、と寛容だ。「大切なのはバランスの問題」と司書のセダン。自由でありながらも、けじめはきちんとつける。こうした方針が「ロフト」を楽しい空間にし、親や教師からも信頼されているゆえんなのだろう。

ティーンが講師の教室も

「ロフト」のフロアの一角にはパソコン教室用のスペースがあり、情報リテラシー講座も行なわれる。テーマは、インターネットの戦略的検索法、ホームページの作り方、レポートのためのリサーチ法と文章の書き方、ウェブ情報の評価法、オンライン情報のプライバシーと安全について、などテーマは幅広い。学校でもコンピュータの授業はあるが、限られた時間で理解しきれない子どもも少なくないし、ここならいつでも自由に学ぶことができる。ソフトウェアの「パワーポイント」の使い方講座を受講していたのは、授業の発表に使う資料作りのためにやってきた中学生の男の子。学校で教わったものの、まだ完全にわからないことも多く、学校の友達に聞いても「ばかにされるだけ」という理由で図書館に駆けこんだ。

各講座の講師は司書がつとめるが、ボランティアのティーンが教える場合もある。こうしたボランティア制度の背景には、自分の知識を他人にわかりやすく教えるために必要なコミュニケーション能力を身に付ける、見知らぬ人と接することを通して社交性を育む、といった教育的な目的がある。子ども同士が学校という枠組みや年齢を超えた新しい友達を作り、視野を広げるようにするという狙いもある。受講している子どもたちにとっては、講師がティーンなら気張らずにわからないことをストレートに質問しやすいのも良いらしく、加えて放課後や週末にじっくり時間をかけて学べるのも魅力だ。また、ユース・ウィングでは映像制作の講座も行っている。映像時代に生きる子どもたちが、ビデオカメラを使って映像を撮り、パソコンで編集をして作品を仕上げていくのだ。

こうした情報テクノロジーの提供は、意外な効用をもたらしている。これまで「図書館はつまらない」と敬遠していた子どもたちが、パソコン目当てにこぞってやってくるようになったからだ。そして、本やインターネットを使って情報の調べ方などを教わるうちに、本に親しみ、情報を活用する楽しさを実感するようになるという。実は、こうした「効用」は子どもだけでなく、大人にも当てはまる。当初、コンピュータを目当てにやってきた大人たちが、図書館に通ううちに本にも関心を持ち始めるというものである。

子どもたちに読書を促す工夫もいろいろで、ユース・ウィングの事例ではないが、たとえば同じニューヨーク市にあるクイーンズ公共図書館では、毎週決まった時間に読書クラブを催し、図書リストを配布するほか、七冊の本を読んだところで修了のバッジや記念品を贈呈している。また、「私に読んで」というプログラムは、就学前の子どもが読んで欲しい本を年長の子どもか親に読んでもらうよう申請し、他の子どもたちと一緒に聞くというものだ。こうすれば、朗読のボランティアが得られ、親子ともに読書に関心を持つことにもつながる。

いずれにしても、図書館を利用している子どもたちは、本などの印刷メディアからデジタル・メディアまで、それぞれの特性や必要に応じて様々なメディアを横断的に利用しているようだ。図書館もそれぞれの特性を生かしたサービスを継続したい意向で、デジタル情報の導入が進んでも本などのこれまでの印刷資料の購入費は減らさない方針で資金集めに奔走している。

4　高齢者・障害者に向けたサービス

高齢者が高齢者にサービス

ブルックリン公共図書館は児童サービスの充実と並んで、アメリカでも先進的な高齢者サービスで知られ、そのための独立した部門を持っている。このサービスの最大の特徴は、シニア・アシスタントと呼ばれるスタッフの存在にある。五五歳以上を条件に図書館が採用した約二五名のアシスタントたちは自らも高齢者であり、高齢者向けの企画や運営に駆け回る。

「シニアのことを一番良く知っているのはシニアです。それに高齢者同士なら、一緒にいても気楽ですから」と説明するのは、高齢者サービス部門の責任者ジョアン・ラディオリ。高齢者に対するサービスの質を考えた時、本当に何が喜ばれるのかは、当事者でなければわからないこともある。「若い人が良かれとやってくれていても、必ずしもありがたいわけではないことも多いのです」と付け加えたのは、六十代の女性シニア・アシスタントだ。メンバーの大半は退職者で、前職は会計士、社会福祉士、薬剤師などと様々なバックグラウンドを持ち、図書館のスタッフや地元の高齢者団体などと協力しあって、幅広い活動を展開する。

主なサービスには、来館できない人たちや、老人ホームなどの高齢者施設に本を送る活動がある。申請書に書かれた関心分野に沿って、アシスタントたちが本を選び出し、発送し、反応をみて、また次のものを送る。リクエストがあれば英語以外の言語や大活字本、昔懐かしい本なども届けている。個人向けのものは、郵送料無料で自宅で受けとることができるから、遠慮なく読書が楽しめる。また、耳が聞こえない、あるいは不自由な人や、言語障害があり電話でコミュニケーションできない高齢者に対しては、声の代わりにキーボードで文字を入力することで電話で「会話」ができるTTYと呼ばれる機器を貸し出すサービスもある。

施設や病院、図書館分館での公演、ワークショップ、芸術や工芸品のプログラム、講演会、映画などのイベントも多数企画し、その数年間二〇〇にのぼる。シニア・アシスタントが詩や短編小説を読み、スライドを見せる定期イベントも好評で、聴覚障害をもつ高齢者は手話通訳をつけてもらうことも可能だ。大活字図書や録音図書を参加者があらかじめ「読んで」おき、本について議論する「ブック・ディスカッション」や、移民を対象としたロシア語やスペイン語での朗読会などもある。ブルックリンには移民も多く、高齢者の中には英語ができない市民も少なくない。孤独になりがちな高齢者を、なじみのある言葉でほっとさせる多言語サービスは極めて重要視されている。外国語による講演会なども行われ、イベントのチラシなども大きな文字だけでなく、複数の言語で書かれている。

さらに実践的な講座も多く、「シニアを狙った犯罪から身を守る方法」、「賃貸居住権を守る」、「シニアのための保険・年金戦略」、また、アメリカ赤十字協会やニューヨーク市高齢者部門による相談会なども充実している。

社会貢献で高齢者を元気に

敷居の高いインターネットも、自宅にこもりがちになる高齢者にとっては、居ながらにして豊富な情報を得られる格好の情報源になる。「サーフィング・シニア」は、図書館が高齢者のパソコン・ボランティアを養成し、その後、「独り立ち」してもらい、彼らが講師として別の高齢者にインターネットやワープロソフトの使い方を教えるというものだ。図書館のウェブサイトには、高齢者向けのリンク集もあるが、こうした利用を促すためにも講座の企画は基本となる。何より電子メールが使えるようになれば、コミュニケーションの幅もぐっと広がることが期待できる。

市民が持っている知恵や経験を分かち合い、ネットワークを広げる機会を設け、そこから新しいものを生み出すことも図書館の仕事だ。「歳をとると新しいものに適応するのが大変ですし、過去を振り返ることが多くなりますが、図書館はむしろ、彼らのそれまでの貴重な体験を社会に還元する場を作っていくべきだと思います」とラディオリは言う。こうした使命感から、ホロコーストを経験した女性に自らの体験を語ってもらうイベントを行い、彼女の思いを若い世代につなぐことも行なった。一般に歴史は活字資料による提供が中心とされるが、図書館では市民の生の声も重視している。また、自由なテーマで詩を書いてもらう講座を開き、シニア・アシスタントが詩集にまとめあげた時には、高齢者たちは表現することの楽しさを存分に味わった。

こうした成果は少しずつスタッフにも返ってくる。ある女性からの礼状には、「あなたは私の命を救ってくれました。これまで読書なんてあまりしたことがなかったのに、なんだか自分の本を書いてみたくなったのです。そして、最近では、読書は本を書くための「宿題」のようにさえ思えてくるようになりました」。まさに、読書は読書以上の効用をもたらしてくれたのだ。

こうしたシニア・スタッフたちの地道な活動は、ブルックリンの高齢者を元気にしているのは確かだが、実はシニア・スタッフたち自身も仕事を通して社会に貢献することで、さらに元気になっているようなのだ。彼らのオフィスを訪ねて驚いたのは、誰もが実に生き生きと仕事をしていることだった。ガンを患っているという七十代の男性は、「病院に行くよりもここで仕事をしているほうが、元気になりそうなんだよ」といってみんなを笑わせた。シニア・アシスタントたちは、ささやかながらお給料がもらえる、友達ができる、やりがいがあるなど、自分たちの役割を楽しみ、それが彼等をはつらつとさせているようなのだ。そう考えると、シニア・アシスタントという仕事自体が、究極の高齢者サービスにも思えてくる。

本の文字を拡大しての「読書」もできる．インターネットの内容を読みあげてくれるソフトなどがよく活用されている．

障害者に知識の扉を開く

情報への平等なアクセスの保証という思想は、障害を持つ人に対しても全く同じだ。地域分館の点字・録音本図書館(二〇〇三年に身体障害者図書館から改称)は、バリアフリーの作りで、館内全てを車椅子でまわることができる。館内には、障害を持つ人たちが資料を存分に活用できるよう、活字の読み上げ機、文字を最高六〇倍まで拡大できる拡大読書機、資料の色を調整できる装置をはじめ、障害者のための蛍光灯や視覚障害者用テープ・レコーダー、タイプライターなどが揃っている。

コピー機のようなガラス版に一般図書を当てて、テレビのモニターのような画面に数十倍に拡大されて映った文字を懸命に読みながらメモをとっている人。点字図書や点訳した雑誌などが揃った子ども室で、真っ白なページの点字をなぞり、なんとも楽しげにお話の世界に没頭している子どもたち。どこからともなく聞こえてくる声は、文字を読み上げてくれる機械を使って「読書」を楽しんでいる人のところからだ。図書館の二階にある気持ちよいテラスでは、盲導犬を連れた人たちが点字図書をなぞっているのを見かけた。

ある夕方、視覚障害を持つという教師が、授業の資料を探しに来ていた。障害を持ちながら教師をしているということに正直驚きつつ、彼女が何気なく言った言葉が問いかけのように聞こえてどきりとした。「生徒たちと同じように字が読めないことで、どれだけ苦労をして授業のために情報を集めているか。もっと知って欲しいなぁ」。この図書館にも何度も足を運んだが、そのたびにこれまで障害を持つ人たちの視点から情報化に思いを馳せることをしてこなかった自分を反省する。そして、それとともにこれだけ多様なサービスが一〇〇年以上にわたって地道に行なわれてきたことに、どれほど感銘を受けただろうか。

インターネットを「聴く」

点字・録音本図書館には、大活字本、点字本、録音図書、字幕付きビデオなどが揃っている。司書による学校や施設への出張サービスも行なわれ、クラスに一人でも障害者がいる場合、図書が無料で送付され再生機器の貸し出しも受けられる。また、ここでもTTYを無料で貸し出している。購入すれば四〇〇ドル(四万八〇〇〇円）以上するものだけに、利用者にとってはありがたい。

館内に置かれた、多数のチラシや案内はどれも大きな太文字で読みやすい。独自に作成された推薦図書リスト、身体障害に関する最新刊、障害者の仕事情報源、子ども向け録音図書や点字図書などは、リストそのものの点訳版も多い。もちろん、自治体やＮＰＯなどによる障害者向けのサービスや催し、相談窓口のパンフレットなどのコミュニティ情報も豊富に揃っていて、ここに来ればかなりの情報を一度に得ることができる。

足を運べない利用者に対しては、希望の資料を電話やインターネットで受け付け、無料で配送するサービスもある。館内には工場と見まがうようなベルトコンベアー付の発送作業室があり、毎日トラック一台分がニューヨークの家庭へと送られている。また、この図書館はアメリカ議会図書館の地域図書館に指定されており、申請すればここで所蔵していない点字本や録音図書を取り寄せて無料で郵送してもらえる。

さらに、誰もがインターネットの恩恵にあずかれるよう、全てのコンピュータに、画面の文字や画像を拡大したり、色を変えてくれるソフトウエアを搭載している。電子メールを打っていた全盲の男性は、打ち込むたびにアルファベットを読み上げてくれるから、綴りを確認しながら文章を書くことができるのだと話してくれた。インターネットのページを読みあげてくれるソフトを使い、音でインターネットを楽しむ女性もいた。

こうした情報テクノロジーを広く活用してもらうため、拡大機の使い方などの講座も頻繁に催され、図書館ではコンピュータ、インターネット教室などが連日開かれている。障害者に役立つリンク集などインターネット上の情報源も充実している。作家による講演会、詩の朗読会、コンサートのほか、図書館サービスを充実させるための市民の集いが開かれることもある。こうしたイベントでは希望すれば補聴器の貸出しや手話通訳をつけてもらうことも可能だ。

ヘレン・ケラーも利用

点字・録音本図書館には一〇〇年以上の歴史があることを先に触れたが、この図書館は一八九五年、リチャード・ランドル・フェリーという帽子製造を営む裕福なビジネスマンが突然視覚障害者になり、一九〇三年に彼のコレクションがニューヨーク公共図書館に寄贈されたことに始まる。当時は五七冊の点字本に過ぎなかったコレクションも、今では五〇万点を所蔵するまでになった。

身体障害者の福祉に尽力したことで知られるヘレン・ケラーは、この図書館の支持者であるとともに、点字図書の改良にも熱心だった。歳を重ねるごとに点字をなぞる指の感覚が鈍くなり、自ら大変な思いをしていたという経験もある。一方、米国における視覚障害者サービスも年を追うごとに充実し、三一年には議会図書館で視覚障害者サービスが始まっている。五二年には児童サービスが、六六年には読むことに支障のある障害者に対するサービスも拡大し、障害者サービスは目覚ましく発展していった。

しかし、こうした注目すべき図書館の存在がある一方で、情報社会の恩恵に直接あずかれない人たちは、なお少なくない。障害者に対するサービスでは、ミッド・マンハッタン図書館の「プロジェクト・アクセス」もよく知られており、各種資料や機器の提供に加えて、障害者に向けた就職の際の申請書や履歴書の書き方、仕事の探し方、面接対策の講座などが行われている。しかし、市内に在住する多くの障害者を考えると、決して十分とはいえないだろう。

「誰でも」図書館を目指して

情報社会は誰に対しても開かれたものでなければならないことを否定する人はいなくても、ビジネスとして利益を生まないものは容赦なく切り捨てられるという現実がある。「障害がある人にも、情報に平等にアクセスできるような体制作りをすることは、図書館の基本的な役目です」と点字・録音本図書館のキャサリーン・ローウァン館長はいう。その一環として、館内には本をカセットテープに録音するためのスタジオもある。朗読サービスは俳優志願者などのボランティアによって賄われており、そのほか、コンピュータの修理などでも、多くのボランティアが図書館の活動を支えている。

拡大読書機を使って本を読んでいたフレッド・シェンクマンは、目の手術を受けた後、左目の視力が落ちたと言った。「図書館は私の第二の家です。ここなら本当にリラックスして本が読める」と微笑んだ。インターネットを「音」で聞いていた女性は、「私にとってここは世界の窓口です。ニューヨークのような大都会でも、こうしたサービスがあるのは図書館だけだと思います」と言った。知る権利と知へのアクセスを万人に保証する、図書館の活動をどう拡げていくか。こうした重い課題に対して、図書館の地道な努力は今後もさらに続く。

5 多文化社会の活力の源

もうひとつのアメリカ

かつて『ニューヨーカー』誌は、「自由の女神がニューヨークへの到着を歓迎する象徴的な門であるならば、図書館は移民たちがその可能性を伸ばすことができる場である」と書いている。ニューヨーク公共図書館は、百年前の創設時から、移民が英語を習得し、アメリカの文化や習慣を理解し、仕事を見つけるなど、新天地における実社会への橋渡しを行ってきた。図書館は、移民が持つ意欲や力を引き出し育てていくという社会的な役割も担っているのである。

ニューヨークのなかでも、クイーンズ地区は世界一六〇カ国、一二〇以上の言語を話す人たちが集まるアメリカでも最も文化が多様な地域のひとつである。住民の三分の一を移民が占め、半数の家庭で英語以外の言葉が話されるという。この地区を管轄するのはクイーンズ公共図書館。同じニューヨーク市内だがニューヨーク公共図書館の管轄外になる。多様な文化背景を持つ住民に対する、多彩な図書館の活動を見てみよう。

クイーンズ公共図書館は、全米でも最大の貸出し数を誇る図書館として知られる。貸出し点数は一六八〇万、ひとり当たり年間二〇冊と、まさに驚異的な数字である。英語教室、読み書きクラスはもちろん、法律、税金、保険、健康、育児をはじめ日常生活に不可欠な「サバイバル・スキル」のための資料提供のほか、連日様々な講座が催され、コンサートからヨガ教室といったイベントも行われている。

ニューヨーク州にある分館では最大規模を誇り、年間百万人以上の利用者があるクイーンズ公共図書館フラッシング分館を訪れるために、マンハッタンから、フラッシング行き七番の電車に乗る。車内を見渡すと、乗客層ががらりと変わっていくのがわかる。英語が聞こえることはまれ。人々がページをめくる新聞・雑誌も、中国語やスペイン語など「外国語」が圧倒的に多い。図書館から借りた本を読んでいる人たちも少なくない。窓の外には古い煉瓦造りのアパートがひしめくように並んでおり、その雑然とした街並みは、どこかアジアを思わせる。

「いったいここはどこなのだろうか?」フラッシング分館を訪ねるたびに、何度そんな思いが頭をよぎっただろうか。その理由はふたつある。ひとつは、ここが一般にイメージする「アメリカ」とは大きく違っているから。そしてもうひとつは、サービスの内容があまりにも多岐にわたっていて、「ここが本当に図書館?」と思ってしまうからだ。

その特徴をひとことで言えば、肌の色や話す言葉も違う人たちが、それぞれの目的に応じて図書館という公共空間を存分に使い尽くしている、といったところだろうか。館内には〝異様〟なエネルギーが充満していて、なぜか元気が湧いてくる。

多文化社会を支える

移民のための英語の学習と、英語を母国語とする人の読み書き能力を支援する「成人学習センター」もそんな場所のひとつ。コンピュータが置かれたスペースでは、マルチメディア教材を使った学習が可能だ。会話例を見た後にクイズに答えて理解度を確認したり、自分の声を録音して発音をチェックし、会話を文字でおこして聞き取り度を確認したりできるソフトウエアも充実している。日本でも英語教育の強化が叫ばれているが、こうした教材が図書館で利用できるとよいかもしれない。

英語教室もあり、より多くの市民が参加できるように時間帯もレベルも多様に設定されている。初心者クラス、文法クラスからビジネス向けのクラスまで、週に一〇回以上あり、誰もが無料で受講できる。私も午前中の会話教室に飛び入り参加してみた。生徒は五人。デパートで働く女性と土建業の男性はともに南米出身者。会話力を伸ばしてキャリア・アップするのが目標だ。六十代の韓国系のおばあさんは、孫と英語でコミュニケーションをとりたくて英語を習い始めたという。講師は英語教授法の資格をもつ女性で、図書館が採用しているこの道の専門家だ。

その日の授業では、アイルランド系アメリカ人のお祭りである「セント・パトリック・ディ」と「迷信」がテーマだった。各国の出身者からお国の迷信の話を聞くのは、なかなか面白い。それぞれが持ち寄った文化を理解し、お互いが学びあいながら英語力をつけていくという授業方針だ。先生は折に触れて、学習用の本、ビデオ、カセットテープなど、図書館で借りられる参考文献をどんどん紹介してくれるから、「クラスメート」も図書館の資料をずいぶん活用しているようだった。

無料の英語教室で，語学力をきたえ、アメリカ生活の基盤をつくる．楽しく学ぶのがモットーで，キャンセル待ちがあるほどの人気だ．

クイーンズ公共図書館では「外国人」だけでなく、英語を母語とする人のための読み書きクラスも開講している。クイーンズには、読み書き能力が不十分で新聞や処方箋が読めず、また職業申請書を記入できないような大人も存在するからだ。また、アメリカ生活になじむための支援も行なう。「ニュー・アメリカン・プログラム」は、職業訓練、市民教育、親子のための読書教室など様々なサポートを行うものだ。移民してきたばかりの住民に、中国語、イタリア語、ロシア語、スペイン語などの本を届けるサービスもある。また、市民の精神状態を支えることも図書館の役割だ。一家で移民してきた場合、子供や夫は外で過ごすことが多く、比較的新しい環境になじみやすいが、妻は家にこもりがちで孤独に陥りがちである。こうした状況を乗り切るための講座のほか、子どもの勉強のアドバイス法など、生活に密着した実践的なものが多い。情報面では、地域サービスや英語学校、移民関連の支援団体などをリストアップした小冊子を図書館自らが作成しているほか、各国の文化を紹介するイベントやコンサートなども頻繁に行なう。

フラッシング分館では、情報テクノロジーにも多文化主義を反映させている。館内には一〇〇台以上のコンピュータがあちこちに置かれているが、資料検索システムは、英語とスペイン語の二カ国語に対応している。資料目録やデータベース利用講座は、中国語、英語、韓国語、フランス語、イタリア語で行われ、デジタル・ディバイドを解消する優れた試みとして高く評価されている。そして、フラッシング分館でよく知られているのが「国際情報センター」だ。このセンターでは、高校から大学院レベルというやや上級者に向けて、経済、文学、文化、歴史、科学などの資料や外国語文献を提供している。センター長のアラン・ワグナーによれば、提供資料のレベルを少し高めに設定している理由は、多くの公共図書館では大衆向けの外国語文献は数多く揃えているものの、調査に使えるような専門的なものはあまりなく、フラッシング地区の住民には母国で高等教育を受けた人も多いため、市民はこうした資料の入手に苦労しているからだという。

　また、センターでは国際ビジネスにも力を入れている。世界中にルーツを持つクイーンズの移民たちには、母国語や母国の知識・人脈を活かして出身国とアメリカを結んで貿易関連ビジネスを始める人も少なくない。こうした「人的財産」を活かすことは、移民の経済的自立を促し、ひいては地域経済の活性化にもつながる。図書館ではこうした人たちに向けて、世界各地のニュース、ビジネス、マネジメント、経済、投資、貿易などを網羅したデータベースを充実させている。

　センター長のワグナーは、情報相談カウンターには実に様々な問い合わせが寄せられると言う。「通関に申請するために、中国から輸入している魚の正式な名前が知りたい」「国際ビジネス法を専門とする弁護士を探したい」「クロアチアからの専門家を受け入れるために、現地の経済・政治状況を知りたい」。どれも当事者にとっては切実なものだが、いざ調べるとなるとどんな資料にあたればよいのか、素人にはわかりにくい。クイーンズの司書たちは、数カ国語に堪能な上、伝統的な図書館学の知識に加えてデジタル情報にも強い。彼らのサポートがあって初めて、新しいことが動きだすことも多いのだろう。

「公共図書館は、誰もが学び、新しい発見をし、知り続けることができ、望むなら最高のものにアクセスできるという、現代社会においての唯一の場である」。クイーンズ公共図書館の理事長は図書館の意義をこうまとめている。

図書館は、移民を「半人前」としてマイナスに捉えるのではなく、ひとりひとりが持つ潜在性をフルに発揮できるように、様々な側面から支援を行い、その市民が社会に向けて飛躍するための言わば「踏み台」の役割を果たしている。

6　市民社会を支える行政情報の窓口

中国の逆鱗にふれた「自由の代償」

図書館を考えるとき、もうひとつ忘れてはならないのが、公共図書館は市民の知る権利や言論の自由を保障するための砦であるということだ。

図書館の根幹は何と言っても所蔵資料にあるが、収集方針に偏りがあれば、情報の提供がむしろ情報操作や検閲につながりかねない危険もはらむ。そうした意味で、資料収集の基準は、市民の情報へのアクセスに直接関わる大きな問題と言える。ニューヨーク公共図書館は、歴史的に民主主義の思想や言論の自由に対する認識が高い図書館として知られている。一九四〇年代後半以降、マッカーシズムが吹き荒れた頃には、政府や一部の愛国主義者からの猛反対にもかかわらず、左翼と右翼の両方から情報を集めた。

一九九五年には、開館百周年記念の展覧会「自由の代償」で天安門の学生蜂起を取りあげたが、これが中国政府の逆鱗に触れ、図書館の本館で行われる予定だった当時のクリントン大統領と江沢民国家主席代表の米中首脳会談が急遽会場変更となっている。余談になるが、公共図書館で首脳会談が行われるのは意外に聞こえるかもしれないが、九七年にコロラド州で行われたデンバー・サミットでは、デンバー公共図書館が会場のひとつとなっている。公共図書館は市民社会の象徴であり、まさにこうした場にふさわしいと考えられているのである。

図書館はこれまでも、冷戦期に旧ソ連のスパイに「愛用」されたり、最近では同時多発テロの犯行メンバーが図書館のインターネットを使っていたらしいなど、頭痛の種に事欠かない。しかし、ニューヨーク公共図書館では、情報が諸刃の剣であることを自覚しつつ、常に情報の自由な流れを優先させたサービスを行っている。政治的に微妙なテーマも展覧会などで堂々と取り上げるが、こうした明確なスタンスがとれるのも、図書館が中立・公平、時には社会に問題提起を行うメディアであることを自覚しているからだ。また、ニューヨーク公共図書館の場合、非営利組織として行政から独立している点も見逃せないだろう。

政治参加を支援

図書館は、市民が政治に積極的に参加するための情報も提供する。選挙が近づけば、選挙関連図書などの一覧を作ったり、候補者のウェブサイトや投票の参考になるような情報を集めたリンク集を作成する。市民が多くの情報を得て、候補者の政策や実績を監視するなど政治のプロセスに参加し、選挙民として自らの力を存分に行使できるような環境作りを行なうのである。

また、時事問題をはじめ、社会状況に即した迅速な情報提供も行う。同時多発テロ事件に関する情報提供についてはすでに紹介したが、その後の例では、イラク戦争を理解するためのコーナーをウェブサイトに設け、最新ニュースや、イラクの歴史、アメリカ及び各国の外交政策、イラクという国についてなど、様々な情報が掲載された。さらに、軍人の家族に向けての情報や、イラク戦争を授業で取り上げるための教師向けの授業素材、反戦デモをはじめとしたNPOの活動についてもまとめている。

行政情報の窓口

数あるなかでも行政情報へのアクセスは、市民の知る権利を保障する上で重要だが、図書館はその窓口としての機能も担っている。政府刊行物は、政府の活動を市民に伝える貴重な資料であるが、アメリカでは市民が無料でこうした情報にアクセスしやすいように寄託図書館制度を設けている。認定を受けた図書館には政府刊行物が無料で送付されるもので、この制度の原型は今から二百年前ほど前の一八一三年に成立している。米国ではこうした時代からすでに「情報公開」の重要性が認識されていたのである。

寄託図書館は、連邦機関の図書館、州立図書館、大学図書館、法律大学院図書館、公共図書館などが担っており、全米には送られてきた資料全ての保存が義務づけられている約五〇の地方寄託図書館と、自ら保存するものを取捨選択することができる一三〇〇ほどの図書館があり、一般公開されている。

行政情報の活用講座も

科学産業ビジネス図書館（シブル）も委託図書館のひとつだが、地方寄託図書館にも遜色ない充実した行政資料を収蔵する。連邦政府関連では一八八四年からの法案、公聴会、上院下院の報告書など、州レベルでは一九五六年からの資料を収集。ニューヨーク市の情報も豊富で、とりわけ労働と経済関係のデータに強く統計の索引も充実している。国際機関の資料も多岐にわたり、国連の資料は一九四六年から、EU関連はEC時代の一九五〇年代から、ほかにOECD、IMF、世界銀行などの資料もある。

最近では、行政情報の多くがインターネット上で公開されているが、各政府機関が直接情報を公開するため、情報が必ずしも整理されておらず、またあまりにも多岐にわたるため、むしろわかりにくくなっている面も否めない。シブルでは、政府が発行する電子行政情報に対しては、項目ごとにまとめて整理し、それぞれの特徴や概要を添えるなどして、わかりやすい情報提供に気を配っている。連邦統計というサイトでは、統計、国勢調査、予算、法案、法律・規制、最高裁の記録、科学技術報告書などをはじめ、連邦政府の諸官庁や関連団体など七〇の組織の情報をキーワードで網羅的に検索できる。政治資金の収支や献金内容なども見ることができ、行政情報の調査を飛躍的に容易にしている。

しかしながら、いくらこうしたシステムが整っていても行政情報が市民にとってまだまだ遠い存在であることは確かであり、ここでも利用者教育が求められている。シブルでは、連日インターネットを活用した行政情報の利用講座が行なわれているが、講座では国勢調査などのデータをダウンロードしてどう加工するか、といったことまで教えてくれる。

図書館では、主要な行政情報を選び、編集や加工を施して使い勝手をよくしたデータベースも購読しており、市民に無料で提供している。一九八八年以降に出版された政府関連の報告書について、省庁を問わずに網羅的に検索できるものや、一九八〇年以降の議会における法案、政策議論、公聴会の記録、なかには一七八九年から一九六九年までの上院下院の報告書や資料などが検索できるものまである。こうしたデータベースで行政情報へのアクセスはさらに容易になっている。いくら情報があっても、その存在が広く市民に知らされ、活用する方法が提示されなければ、情報は存在しないのと等しいともいえる。こうした利用者講座が、いかに行政情報の利用を促すことに繋がるのかを考えさせられる。

社会を変える行政情報も図書館で

市民活動が盛んなアメリカでは、NPOが社会変革の原動力となっている事例が豊富にあるが、地域の環境問題を訴えるために図書館の行政情報を活用したユニークな例がある。「ウェスト・ハーレム環境アクション」は、一九八八年に活動を開始して以来、地域の環境悪化が人々の健康を蝕むことがないよう、調査、市民教育、キャンペーンなどの活動を行ない、地域の環境政策に大きな影響力を発揮してきた。ここ数年は、ニューヨーク市ハーレムの大気汚染をテーマにしているが、彼らの活動はNPOにとっていかに情報収集と情報活用能力が重要であるのかを再確認させてくれる。

環境アクションが、プロジェクトに取り組む発端となったのは、「ハーレムでは、ぜんそくが原因による死亡者が多いのではないか」というスタッフの漠然とした疑問だった。そこで詳しく状況を調べてみると、ハーレムはぜんそく関連の死亡率がニューヨーク市平均の五倍と極端に高く、しかも全米でも第一位という最悪の事実が浮かび上がった。調査を続けるうちに、市交通局のディーゼル・バスの車庫の大半が、黒人・ヒスパニック系居住者が多い地域に集中していることがわかり、スタッフはディーゼル車の排気ガスとぜんそくとの間の因果関係に注目する。その後の調査で、大気汚染が連邦政府の基準値の二倍であることもわかった。

そこで彼らは、州知事や市長、地元住民や一般市民らにこうした現状を知らせ、またその後のロビー活動の成功により、知事がバス会社に無公害ガスを使うように指示を出すまでにこぎつけた。そしてその後、市の交通局を相手取り、黒人居住区に車庫を集中させるのは人権問題に関わるとして訴訟を起こし、『ニューヨーク・タイムズ』紙などのメディアに取り上げられたことで、この問題はさらに市民に広く知られるようになる。その結果、ぜんそくと排気ガスに関わる研究を継続できるよう、市から助成金を引き出すことにも成功した。

このNPOが情報収集や資料作りに活用したのは、地域の公共図書館であった。環境アクションのスタッフは、調査を始めた段階で、巷には情報が氾濫しているにもかかわらず、市民が社会問題を調べる素材となるような情報がほとんど存在していないことに改めて気が付く。そこで、地元の分館に出向き、ぜんそくに関する情報を集めることから始めたのである。ところが、地域に特化した詳細な情報は分館にはなく、図書館で紹介してもらった米環境保護庁の分館がふさわしいことがわかった。幸い環境保護庁の図書館資料を地元の分館経由で借りることができるシステムがあり、メンバーはそれを大いに活用した。さらに、環境保護庁図書館の司書と地元公共図書館の司書が連携して協力してくれたこともあり調査は順調に進んでいった。

この事例が物語るように、米国では図書館同士の連携が密接で、相互貸借の制度も進んでおり、市民が公共図書館を窓口にして幅広い情報にアクセスすることが可能だ。こうした行政情報はもとより、ニューヨーク公共図書館の場合には、地元のニューヨーク大学、ニューヨーク市立大学、コロンビア大学などと緊密な連携をとる他、二つの相互貸借システムに加入し利用者をサポートしている。そのうちのひとつは、ニューヨーク都市圏図書館評議会で、ニューヨークの公共図書館をはじめ、大学図書館、学校図書館、公文書館など一二〇〇の図書館が参加するネットワークである。もうひとつは、ハーバード大学やエール大学をはじめ、世界各地の主要大学図書館、国立図書館など一六〇を結んだものだ。こうしたネットワークは、市民の情報へのアクセスを飛躍的に高めてくれ、調査活動には欠かせない存在となる。

幅広い情報へのアクセスとともに、豊富な専門知識を持つ司書が、要望に合わせて的確な情報を紹介したり、情報を効果的に活用するためのノウハウも教えてくれるのもありがたい。環境アクションは、調査結果を行政や市民に広く知らせるために、調査結果を分析し、論点を明快にまとめたパンフレットを作成するが、その際、ニューヨークのカラー版の地図や、空気の状態と所得レベルの相関関係を表す棒グラフなど、司書たちが紹介してくれた資料が大いに役立ったというが、まさに図書館を駆使した情報収集や情報加工の賜物であったと言える。

情報公開と図書館

図書館は公開された行政情報のみならず、未公開の情報に対するアクセスについても重要視している、米国では、三月一六日はアメリカ合衆国憲法起草者のひとりで第四代大統領のジェームズ・マジソンの誕生日にちなみ「情報の自由記念日」とされている。この日、ニューヨーク公共図書館では、ワシントンDCにあるNPO「国家安全保障文書館」(NSA)の理事ハーバート・フォエルステルを招き講演会が行われたので、参加してみた。NSAは、行政情報を市民が利用しやすいように整理・分析するほか、市民の立場から情報自由法(FOIA)を駆使して政府にさらなる情報公開を迫り、その成果を広く市民に提供するNPOとして知られる。NSAと図書館の活動には共通点も多く、会場は図書館関係者や市民で埋め尽くされた。なお、情報自由法とは一九六六年に制定され、誰もが連邦政府に行政記録の公開を請求でき、政府は大統領令で指定された国防・外交などの一部を除いては要求に対して公開が義務づけられているものである。FOIAは成立後修正を繰り返し、一九九六年には電子データでの情報提供を義務づけるなど、インターネット時代に対応した電子情報自由法(EFOIA)に改正されている。

講演でフォェルステルは、図書館が米国で唯一中立を保てる貴重な情報空間であることを強調した。その上で、政府と図書館の間に、何を公開し何を公開すべきではないかという違いがでてくるのは当然であり、だからこそ図書館は市民の知る権利を守るために検閲と戦うことが大切だと述べた。また、科学情報が広く開示されればそれが科学の進歩に役立つように、情報がオープンになることはよりよい社会を生み出す上でも重要だと力説した。後半では、司書にはこうした点においては、プロ意識がまだまだ欠けていると批判しつつも、エールを送っている。

今から二世紀近く前、先のマジソンはこう指摘している。「人民が情報を持たず、情報を入手する手段をもたないような人民の政府は、喜劇か悲劇か、あるいはその両方への序幕でしかない。知識を持つものが無知なものを永遠に支配する。そして、みずからの支配者であろうとするならば、市民は知識が与える力で自らを武装しなければならない」。

行政情報の公開は、行政による膨大な情報の独占を打ち破ることで官をオープンにし、行政情報が市民の間に自由に流れていくことで「知る権利」が保障され、市民は様々な判断のもとになる貴重な情報を得ることができる。使いにくい行政情報を使い勝手のよいものにし、効果的にアクセスできる仕組み作りがされてはじめて、真の意味で市民が情報を手にすることができる。そう考えると、図書館の役割は決して小さくないのである。

第 4 章　図書館運営の舞台裏

寄付金の 18 億円は「図書館へのお返しにすぎない」――篤志家の寄付でよみがえった読書室(本章 166 頁参照).（© James Rudnick）

1　図書館のなりたち

ニューヨーク公共図書館は市民にこよなく愛されている。ニューヨークの公共サービスのなかでは、常にトップにランクされる存在で、それを裏付けるように、図書館を支えるボランティアも七〇〇人を数える。その役割も受付、館内ツアーガイドから専門性を生かして講座の講師をつとめるなどと様々だ。また、資金集めに欠かせない古本市もボランティアによる。貴重な時間を割いて労働力を提供するのは、図書館に対する強い思いがあるからだ。

個人図書館が前身

市民のニーズを先取りしたきめ細かなサービスの数々、使命感を持った図書館スタッフの存在。一世紀以上の伝統をしっかりと受け継ぎながらも、新しい時代に対応したサービスを次々と打ち出す活力にはまさに驚くばかりである。「図書館のおかげで、マンハッタンから引越しできない」というファンもいるほどだし、「ニューヨーク公共図書館なしでは、ニューヨークはニューヨークであり得ない」と、ノーベル賞作家のトニ・モリソンも絶賛を惜しまない。

それでは、ニューヨーク公共図書館では、なぜこうした多彩なサービスが可能になるのだろうか。そして、その基盤を支える資金はどのように獲得されているのであろうか。そもそも公共図書館はどのような経緯を経て誕生したのだろうか。序章から第三章までは図書館が提供するサービスの数々に焦点を当ててきたが、第四章では図書館を支える運営の舞台裏をさぐることにしてみたい。まずは、アメリカにおける公共図書館の成り立ちから見てみることにしよう。

アメリカに現在の形の無料貸出し図書館が誕生したのは一五〇年前。一八五四年のボストン市立図書館の開館だ。それ以前にも図書館は存在していたが、知識階層による会員制クラブのようなものが多く、一般市民に広く開かれ、かつある程度の規模を持った図書館は存在していなかった。それだけに、ボストン市立図書館の開館は画期的なものとして受け止められ、これを契機に全米で次々と公共図書館が産声をあげるのである。

一方、ニューヨーク公共図書館の歴史も一九世紀にさかのぼる。その頃のニューヨークは、新興都市から洗練された国際都市へ脱皮する過渡期にあった。当時のニューヨークの人口は約五〇〇万。一八五一年には、『ニューヨーク・タイムズ』が創刊されたが、同時期の日本でいえば、その二年後の一八五三年にペリー艦隊が浦賀に来航している。七一年にはグランド・セントラル駅が完成、続く七六年にはセントラル・パークが開園した。八六年の自由の女神像がお目見えしたころから、新天地を求めた移民たちがどっと押し寄せ、一九〇〇年には人口が三五〇万に急増した。一九〇一年には、ニューヨーク出身のセオドア・ルーズベルトが大統領に就任。都市としての体裁を整える躍動感に満ち溢れる中で、ニューヨークは二〇世紀を迎えていったのである。

序章でも触れたが、ニューヨーク公共図書館の前身となったのは、アスター図書館とレノックス図書館というふたつの個人図書館だ。アスター図書館は、毛皮貿易で大成功を収め、当時アメリカで最も裕福だったドイツ系移民のジョン・ジャコブ・アスターが遺した四〇万ドルをもとに作られた。一八四九年に開館した米国初の無料閲覧図書館で、その試みは高く評価されていた。しかし、アスター図書館は高度な専門書が並ぶ上流趣味で、一般市民にとっては敷居の高いものであった。もうひとつのレノックス図書館は、不動産王のジェームス・レノックスがコレクションとして持っていた稀覯本や草稿、芸術作品などを集めた図書館である。こちらの所蔵品には個人の趣味が強く反映されたものが多く、一般向けの図書館とはやや趣きが異なっていた。

文化都市の装置として

こうしたなか、知識階級の間では、ニューヨークが世界文化を担うにふさわしい都市になるためには、経済面のみならず文化面を充実させることが不可欠だと考えられるようになっていく。美術館の創設についても、これと同様の思いが見て取れる。一八七〇年に開館したメトロポリタン美術館は、ヨーロッパに引けをとらない「パリのルーブル美術館並みのものを市民の手で作ろう」と、モルガンやロックフェラーなどをはじめとした篤志家たちや、アーティスト、市民らによって設立されたものだ。

都市における文化の充実という発想は古くからある。歴史をさかのぼれば、図書館の起源として知られる紀元前三世紀エジプトのアレキサンドリア図書館の建造にしても、図書館を交易の中心地アレキサンドリアの繁栄の象徴と位置付け、世界に誇る文化都市としてその華々しさを広めることを狙いとしていたのである。アメリカ文化の中心地を自負していたボストンの知識階級は、アスター図書館の出現がボストンの文化的地位を脅かすのではと危惧していたという。こうしたエピソードからも、図書館が都市文化を高める上で、いかに重要視されていたのかがうかがえる。

さて、この頃ニューヨーク州知事をつとめ、のちに大統領候補にもなった名高い政治家サミュエル・ティルディンも、街の著しい発展を目の当たりにしながら、ニューヨークが図書館を持つ必要性を考えていた。一八八六年、ティルディンは「ニューヨーク市に無料図書館と読書室の建設を」と、資産二四〇〇万ドルを遺して逝った。

折しも一八九〇年代に入ると、アスター図書館もレノックス図書館も、財政危機に見舞われるようになっていた。それを知ったティルディンの遺産受託者で弁護士のジョン・ビゲローは、二つの図書館とティルディンの遺産をあわせることで、市民のために新しい図書館を作ることを提案。三者の合意ののち、一八九五年、市民による市民のための図書館「ニューヨーク公共図書館＝アスター・レノックス・ティルディン財団」が、今でいう非営利民間団体（ＮＰＯ）として産声をあげた。

ところで日本で公共というと、「お役所の手によるもの」との印象が強いが、アメリカでは公益を担うのは市民であるとの意識が強い。とりわけニューヨーク公共図書館はＮＰＯであり、運営面においてもあくまでも市民が主体となっている。

図書館の運営は行政から独立した理事会によって行われる。メンバーには、高等教育を受け、文化に関心が高く、何より市民精神に富んだ元外交官、新聞発行人などが任命された。ニューヨークを一流都市にしたいと考えるメンバーが想定したのは、大英図書館やフランス国立図書館並みの規模を持ちながらも、それらとは一線を画した、アメリカ民主主義の象徴となるべく、広く市民に開かれた図書館であった。

新館の建設

初代館長には卓越した司書であり書誌学者でもあったジョン・ビリングが任命された。彼は、新しいスタッフを採用し、図書館の方針をまとめ、利用者の便宜をはかるために開館時間を延長するなど、図書館を刷新するための改革にのり出した。いかなる情報にも価値があると強く信じるビリングは、幅広い分野の資料を収集し、体系的な保存にも心を配ったが、その甲斐あって資料と利用者は増加の一途をたどり続けるばかりであった。

そこで浮上したのが、新館の建設問題である。このとき理事会は、ニューヨーク市に対してある提案をした。図書館が市民に対して館や読書室を連日夜九時まで開く代わりに、市には建設用地と建設費、維持管理費を負担して欲しいというものだった。市はこの提案に即座に合意し、契約が成立する。ニューヨーク市にとっては、これだけの規模で図書館支援に乗り出すのは初めてのことであった。

新館の建設計画が本格始動するなか、市が候補地にあげたのは五番街と四〇丁目から四二丁目が交わる地点にあったクロントン貯水池跡だった。グランド・セントラル駅のすぐ近くで、建設計画中のペンシルベニア駅からも遠くない、マンハッタンの中心部は申し分ない場所だった。

一九一一年。一二年の歳月を経て新館が開館。ボザール様式の米国最大の大理石建築で、総工費はワシントンのアメリカ議会図書館よりも二〇〇万ドル上まわる九〇〇万ドルであった。その価値は十分で、美しく荘厳な建造物は誰もが納得するものだった。また館内には一〇〇万点以上の資料を所蔵。サービスを迅速にするため、地下の書庫から本を運搬するのに当時の最新技術であったエレベーターを導入。閲覧希望用紙が担当者にすぐに届くよう圧縮空気チューブも採用し、当時はまだ珍しかった電灯まで完備した豪華なものであった。

五月二三日の記念式典には、タフト大統領をはじめ州知事、市長などが参加し、華々しく執り行なわれた。翌日の一般公開では、新しい名所となった荘厳な建築を一目みようと待ちかまえていた市民が殺到した。記念すべき第一番目の本を手にしたのはロシアからの若き亡命者で、ロシア語で書かれたニーチェとトロツキーの研究書を受け取った。これまでごく一部に所有されてきた「知」が、明らかに人口の大半を占める一般の市民に対して開かれた瞬間だったのである。

カーネギーの貢献

こうして新館の開館は大成功を収めたが、ひとつ懸案も残されていた。ニューヨーク公共図書館は市民に広く開かれていたものの、資料はあくまでも館内閲覧のみで、貸出し図書館は未だ実現されていなかったのである。そこでニューヨーク公共図書館は一九〇一年、市内にあった独立系の貸出し図書館を統合し、地域分館のシステムを作りあげようとした。ところがニューヨーク公共図書館の財団資金は、内規により閲覧図書館以外には使うことができないことが発覚し、あと一歩のところで資金難に遭遇したのである。

そんな窮地に絶妙なタイミングであらわれ、地域分館の設立に弾みをつけたのが「鉄鋼王」アンドリュー・カーネギーであった。カーネギーはスコットランドからの移民で、貧しい時代に図書館に通っては夢を育み、後に鉄鋼業で大成功を収めた富豪である。彼は六五歳で引退し、それまでに築きあげた巨額の富を社会貢献のために使うことに余生を捧げた。カーネギーは、資産の九割に当たる三億五〇〇〇万ドルを提供して、世界的な音楽ホールとして知られるカーネギー・ホールやカーネギー国際平和財団など一二の団体を設立している。

とりわけ自助努力を重んじる彼は、誰に対しても分け隔てなく学習の機会を与えてくれる公共図書館に大きな価値を見いだした。その結果、五六〇〇万ドルを投じて、一九一七年までにアメリカとイギリスに二五〇九の図書館を建設する。アメリカでは、一九世紀から二〇世紀にかけて公共図書館が急増しているが、その背景にはカーネギーの存在があったのである。そして、公共図書館の発展に大きく寄与したことで知られるカーネギーの恩恵をいち早く受けたのが、ニューヨーク公共図書館だったのである。

一九〇一年、カーネギーはニューヨーク市に五二〇万ドルの寄付を検討したが、その際彼は、市は建設用地を提供し、維持費用を永久に負担しなければならない、という条件をつけている。その理由は、自治体に対してプロジェクトに責任を持って参加する意思を問い、長期間にわたって支援を継続させることを望んだためである(この時の条件は今でも継続されている)。また篤志家として、慈善行為のような「救済」は本人の努力を促さず、惰性を助長すると考えてよしとせず、その一方で勤勉な人が努力で何かを成し遂げることにおいては、惜しみない支援を行なう、という哲学を持っていた。

いずれにせよ、カーネギーの提案は市長などに快く受け入れられ、ニューヨーク市全体では六五の、ニューヨーク公共図書館の地域分館としては三九の、「カーネギー図書館」が建設されたのである。

2　資金集めとその戦略

行政と民間の協力関係

ニューヨーク公共図書館は設立当初から、市民精神溢れる篤志家らが寄付などを通じて図書館の活動に深く関わりながら、行政とのユニークな協力関係を発展させてきた。こうした伝統にもとづくパブリック・プライベート・パートナーシップ（ＰＰＰ）こそがニューヨーク公共図書館の神髄であり、この手法がより豊かなサービスを提供することに大きく貢献してきている。古くは図書館新館の建設、カーネギーとニューヨーク市による地域分館、そして最近では第一章でとりあげた科学産業ビジネス図書館（シブル）の建設の事例がある。シブルの建設総工費の一億ドル（一二〇億円）は、ニューヨーク市などによる資金と、残り半分は企業や市民など民間による寄付金で賄われたＰＰＰの好例である。

歴史的に図書館の活動には民間が大きな役割を担ってきているが、現在の財源も、地域分館ではニューヨーク市による資金が大半であるものの、研究図書館では年間予算の半分以上が民間資金で成り立っている。それだけに、図書館では戦略的に資金調達を行う専門部署を設けている。分館では予算の一％にあたる一四六万ドル（一億七五二〇万円）、研究図書館では予算の五％の六五五万ドル（七億八六〇〇万円）という大金が資金集めの経費として計上されているほどだ。

ニューヨーク公共図書館では、あくまでも公共的な役割を果たしながら、民間からの資金調達を積極的に行なうというビジネス・モデルを採っているのである。

図書館の資金調達術

五番街にある知的で洗練された本館館内と違って、同じ建物でも地階に下りると雰囲気ががらりと変わり、フロアには電話の音がけたたましく鳴り響き、てきぱき動き回るスタッフで活気づく別世界が広がっている。資金集めに特化した「事業開発部」のオフィスである。

スタッフたちは連日、資金獲得のために知恵をふり絞る。オフィスの一角にある広々とした個室に陣取る快活な女性がキャサリン・ドゥン開発行政担当上席副部長。「図書館は大きな社会的意義を持っています。そのサービスを充実させるために最善を尽くし、資金を集めるのが我々の仕事です」。ドゥンは公共セクターの資金獲得で、数々の実績をあげてきた専門家である。親しみやすい笑顔の裏に、どこかしら迫力が漂う。この部署では、図書館の実務とは全く異なる専門性が要求されている。

日本ではニューヨーク公共図書館のようなＮＰＯが、資金集めに奔走したり、マーケティングの発想を取り入れることに違和感を感じる向きもあるかもしれない。しかしアメリカのＮＰＯは、自らの存在意義を広く社会にアピールすることで支持を獲得し、個人や企業、行政からの資金を得るために積極的な行動に出る。ある程度の規模を持つＮＰＯであれば、事業開発部

ナスダックより寄付金を受けるニューヨーク公共図書館のスタッフたち．企業からの寄付は重要な財源だ．(©Copyright 2003, The Nasdaq Stock Market, Inc.)

や、マーケティングや広報の部署があるところは決して珍しくない。企業と見分けがつかないような巨大ＮＰＯもあるが、その違いを端的に言えば、企業が利潤追求を目標とするのに対して、ＮＰＯはあくまでも社会的な使命の達成を目標に掲げていることである。また、企業は利益を株主に分配するが、ＮＰＯは次年度以降の事業に充当する点も大きく異なる。

ただし、アメリカでも公共図書館は自治体によるものが大半で、ＮＰＯは少数派である。その一方で、美術館はＮＰＯによる運営が一般的であり、ニューヨーク公共図書館も、むしろ同じニューヨークのメトロポリタン美術館や近代美術館の運営方法に共通する点が多い。もっとも、一般の公共図書館でさえ予算には限りがあるため、サービスの充実にあたり民間から資金を集めることも多く、その点ではニューヨーク公共図書館がほかの公共図書館と極端に異なっているというわけではない。

事業開発部では一般的な公共図書館のイメージを覆す、極めて戦略的な手法で資金調達にのり出している。

「友の会」から「寄付講座」まで

寄付のなかでも最も一般的なものが、「フレンズ・オブ・ライブラリー(図書館友の会)」制度だろう。図書館を支援する市民の会で、年間二五ドル(三〇〇〇円)から寄付金額に応じて段階的に特典が設けられている。二五ドル会員なら図書館内のショップでの買い物が一割引になる程度だが、一二五〇ドル(一五万円)会員ともなると著名作家の講演会、著者と一緒に出版前の本の内覧会を楽しむイベント、華やかな晩餐会、図書館の学芸員による図書館の舞台裏ツアーなどに招待されるほか、図書館の年次報告書の寄贈者リストに名前が記載される。二万五〇〇〇ドル(三〇〇万円)以上の会員は館長主催の評議会委員となり、先の特典に加えて、ごく限られた関係者だけが招かれる特別プログラムにも参加が許される。会員という特権が図書館への帰属意識を高め、さらに高額の寄付によってそれが高まることで、高額会員になることの利益が働くように工夫が施されている。

図書館を支えようというニューヨーカーはとりわけ富裕層に多く、図書館側も寄付を促すためにアイディアを絞っている。図書館主催の「寄付講座」もそんな企画のひとつだ。さっそく参加してみたが、せいぜい二〇～三〇人の参加者だろうとタカをくくっていたものの、本館のホールは三〇〇人もの市民で埋め尽くされ、えも言われぬ熱気が充満していた。白髪交じりの紳士・淑女が多いが、上等なビジネス・スーツに身を包んだ若い男女も少なくない。図書館に寄付をすることに、これほど多くの人が関心を持っているとは正直驚いてしまう。ニューヨークには富裕層が多いことは確かだが、それにしてもこれほどの数の人たちが集まるというのはどういうことだろう。

「いつか図書館の読書室でゆっくり本を読みたいと思い続けてきましたが、仕事が忙しすぎてほとんど来ることができません。本館の読書室は素晴らしい建築だと思います。金銭的に少し余裕ができましたし、図書館は素晴らしい公共空間ですから、ここに通う代わりに寄付をして貢献できたらと思います」。こう語る黒のタートル・ネック姿の男性は、四十代半ばの建築家だった。引退したばかりだという初老の男性は、「これから資産をどう使おうかと考えていたところだったので、ちょうど良いタイミングだったんです」。五〇年にわたって地域分館を活用してきたという老婦人は、「図書館は本当に素晴らしいところです。これからじっくりと寄付について考えたいと思います」。仕事で調査が必要になるたびに図書館を使ってきたという女性は、「図書館は社会的に価値があるところです。前向きに考えたいと思います」と語った。

「寄付講座」の内容は、実践的で非常に興味深いものだった。講師をつとめた弁護士は、優遇制度など税制のしくみについて豊富な具体例を示しながら、寄付が資産を残す上で、また経済的にも社会的にもいかに有意義なものであるかを明確に示していく。ルクラーク館長も「図書館は最も民主的な市民のための場です」などと言って、寄付の対象としてこの上ないものだとさりげなくアピール。「寄付をした方々のお名前は、館内に謝辞とともにずっと残ります」といった風だ。直接寄付を促すようなことは決して口にしないが、社会貢献をすることで自分の名前を後世に残すことに少なからず関心を持っている富裕層の気持ちを巧みにくすぐる。休憩中にはワインとスナックがふるまわれるなど、なごやかな雰囲気を演出する工夫も忘れない。

寄付といえば現金だと考えられがちだが、その受け入れ方法も多様で、有価証券、固定資産、不動産にはじまり、年金、確定拠出型年金、生命保険など様々な方法があり、まるで金融商品への投資に見えるほどだ。図書館では税の優遇を受ける上で、どの方法が当人にとって最良かを相談できる窓口も設けているという力の入れようだ。

相次いだ大口の寄付金

しかし実際には、こうしたイベントよりも日ごろから色々な場に顔を出すことでネットワークを広げ、篤志家がどのようなことに関心を寄せているのかなどをしっかりと把握して、個別に対応する場合が一般的である。資金が必要になる際には、それにふさわしい人を選び出し、説明のために面会を申し込む。大切なことは、お金のことは一切口にせず、計画を丁寧に説明し、それが寄付によってどのような効果をもたらすのかをできるだけ具体的に示す。また、寄付をする人が何を求めているのかを知ることも、話を進めていく上で重要になる。仮に断られたとしても決して諦めずに、折りに触れて話を持っていくことが大切だ。めでたく寄付を獲得した場合でも、それによって具体的にどのような結果が表れたのかを、きちんと報告しなければならない。研究図書館のハイケ・コーディッシュ副部長は、一連のプロセスをこう説明してくれた。

ニューヨークはメトロポリタン美術館をはじめ、寄付金をめぐって競合する相手が無数に存在する激戦区である。富裕層は、数あるなかから自分の利益にかなう団体を厳選して寄付を行うだけに、図書館の活動やイメージは常に問われる立場にある。この図書館に寄付することが、社会的なステイタスにつながることも見逃がせないポイントだ。ニューヨーク公共図書館は、今のところ富裕層をひきつけるのに何とか成功しているようだ。「かつてに比べると、資金調達の方法は比べものにならないほど、洗練されてきています」とキャロリン・オヤマ広報担当は言う。

九〇年代半ばには、株式の急騰を受けて億万長者が続出するなか、税金対策も手伝って一〇〇万ドル(一億二〇〇〇万円)以上の大口寄付が相次いだ。九五年には史上最高額の一五〇〇万ドル(一八億円)を寄付した匿名の篤志家もあらわれた。初めは匿名を通していたが、二年後に沈黙を破って名乗りを上げたのは、マンハッタンで建設会社を営むフレデリック・ローズ夫妻だった。「我々が名乗り出ることで、他の篤志家の意欲を駆り立てられるかも知れないと思ったからです」とローズ夫人は説明しているが、その名は前に触れたように「ローズ読書室」として残ることとなった。

ほかにも寄付金による建設および開設のラッシュが続いている。一九九九年には、第五章で紹介する研究者・作家センターが設立され、二〇〇一年には第二章で取り上げた舞台芸術図書館とドネル図書館メディア・センターが新装開館した。二〇〇二年には本館一階に電子トレーニング・センターのサウスコートが完成している。

また一九九七年には、四年間で五億ドル（六〇〇億円）を集めるという、ニューヨーク公共図書館史上最大規模の資金調達キャンペーンを展開した。情報テクノロジーへの対応や、新しい書庫の確保、資料を良好な状態で保存するための空調システムの整備、スタッフ教育、地域分館の改装工事など、資金が必要なものは数知れない。図書館の前理事長エリザベス・ロハティンは社交界にも顔が広い資金集めの達人で、二年間で三億五〇〇〇万ドル（四二〇億円）を集めるという偉業を成し遂げ、最終的には目標額をはるかに超える資金を集めることに成功した。

「図書館にとっては、景気の動向は非常に大切です」と研究図書館部長のウォーカーは言う。「好景気の力がなかったら、デジタル化への対応など、はるかに困難をきわめていたでしょう」。

資金源が特定の富裕層に偏ることから、サービスが個人的な好みに左右されやすいという危惧もあるが、寄付金の使い道は篤志家と時間をかけて慎重に話し合って決めている。「図書館ほどフィランソロピーの効果があらゆる層に行きわたるところはありません。特定のものに偏らず市民に広く役立つことは、彼らにとっても望むところですから」。

特定のプロジェクトに対して資金を募るものもある。そのひとつが、公的資金と

寄付で進む分館の改修

民間資金を合わせて老朽化が進んだ地域分館を改修する地域分館のプロジェクトだ。カーネギーの貢献もあって出来た分館が新たなＰＰＰで次々と甦えっている。

ミューレンバーグ分館は、一九〇六年にカーネギーの資金によって建てられた。映画の舞台で知られるチェルシー・ホテルにほど近いこの分館は、児童作家アン・マクガバーンからの寄付金五〇万ドル（六〇〇〇万円）と、市などからの公的資金二八〇万ドル（三億三六〇〇万円）を合わせた三三〇万ドルで改修工事が行なわれた。館内はクリーム色と木目で統一され、市民のためのくつろいだ書斎といった明るい雰囲気だ。改修工事は、あくまでも伝統的な建築様式を残しつつ、「近代化」をはかることを目標とした。コンピュータ一〇台と高速インターネット回線も整備され、二階にある児童室はマクガバーンの意向を反映して、子ども向けの本を充実させ、彼女の著作も並んでいる。三階には、市民講座やミーティングのために七〇席のホールも作られ、地域住民にとってはこの上ないコミュニティ・スペースになった。図書館のショー・ウィンドウにはマクガバーンの本が並ぶほか、入口横には彼女の名前が彫り込まれているなど、

地域に貢献したい篤志家にとっては魅力的な寄付に思われる。

図書館の「スポンサー」になる

ニューヨーク公共図書館は、企業からも高い支持を獲得している。主要企業の多くは図書館の法人会員として名を連ねるが、弁護士事務所、出版社、ニューメディア関連企業も目立つ。企業についても個人の寄付と同じように、一〇〇〇ドル(一二万円)から二万五〇〇〇ドル(三〇〇万円)以上まで、年間の寄付金額に応じた特典を設けている。図書館の基金への寄付は二万五〇〇〇ドル(三〇〇万円)以上からで、それとは別に研究図書館の資料購入や司書教育などに充てるための資金提供も依頼する。

会員企業は、年次晩餐会への招待や、司書がオフィスに訪ねて従業員に図書館資料や活用法について説明をする「ランチタイムに図書館を」のサービスなどが受けられる。さらに、企業の目的に合致するように、図書館の集客力を利用したイベントのスポンサーを提案したり、マーケティングの目的に合わせた企画を立案することもある。図書館の美しい建築をいかして、ミーティングやパーティのために会場の貸出しも行なう。たとえば本館の大ホールは二万ドル(二四〇万円)で、食事の手配や飾りつけなども図書館側が手配する。シブルでも会議室を貸出ししているが、企業にとっては、図書館を利用した場合、レンタル料にも税の優遇が適用されるという利点がある。

図書館では企業がスポンサーとなりやすいように様々な企画も用意する。そのひとつが五番街の本館で行なわれる展覧会へのスポンサーだ。ニューヨーク公共図書館は、一九八四年以来二〇〇以上の展覧会を行なっており、会場には月に一五万人が足を運ぶ。市民が多数訪れる公共的な空間で教育的なイベントを支援することは、企業イメージにもプラスになる。スポンサー料は平均五万ドル(六〇〇万円)程度で、展覧会や関連パンフレットに企業名が明記されるほか、メディアで取り上げられる際にスポンサーとしての名前が出るなど宣伝効果は大きい。

より地域に密着した教育的なものには、「コンピュータ見習いプログラム」がある。一〇一万ドル(一二〇万円)のこのプログラムは、高校生や大学生のアルバイトにコンピュータやソフトウェア、インターネットなどの使い方を訓練し、その後、彼らが学んだ知識をもとに図書館で利用者支援を行なうという、コンピュータ・リテラシー教育とアルバイトの機会の両方を提供するものだ。ほかにも、読み書き支援、医療情報提供、図書館が発行する刊行物へのスポンサーも募る。また、図書館の特定のコレクションを支援することも可能で、たとえば地図部門に対しては、企業は五〇〇ドル(六万円)でスポンサー会員になることができる。図書館は資金を必要とし、企業は社会に貢献することで信頼を獲得する。図書館が新しいサービスを行なうにあたって、企業がスポンサーしやすい形にして資金を獲得する手法は、企業にとっても図書館にとってもメリットがあり、成功を収めている。

ところで、日本の企業の例では、出版社の講談社が、ニューヨーク公共図書館に一三〇万ドル(一億五六〇〇万円)の寄付を寄せ、老朽化した読書室の改修や資料購入、講演会の開催など大きく貢献して話題になった例がある。しかし、これは例外的なケースかもしれない。ニューヨークに多数進出している日本企業から資金提供をしてもらおうと、スタッフを日本語教室に送り込み、各社をまわったことがあったという。けれども「日本企業は、一般的に社会貢献の意識が希薄で、なかなか協力が得られませんでした。結局、投資に見合わなかったので日本企業からの寄付は諦めてしまいました」と広報担当のオヤマは苦笑する。しかし、こうした積極性こそが重要なのだと言える。

資金集めのイベント

図書館は、資金集めのイベントも企画する。参加者は、チケット代に含まれた「寄付金」を支払うことで図書館を支援することになる。たとえば、三歳から一四歳の子どもとその親の四〇〇家族が集まる「図書館で本作り」も人気の高いイベントだ。館内は楽しげに装飾され、大人と子どもが一緒になっておはなしを書き、表紙をデザインし、印刷し、綴じるという本の製作プロセスが体験できる。会場には音楽が流れ、読み聞かせあり、おやつありと、お祭りムード満載だ。イベント会場では、図書館カードの申し込みを受付けることも忘れない。

図書館のボランティアが企画する資金集めのイベントもある。「文学昼食会」は、作家の講演やパネルディスカッションを行なう年一回の催しで、やはりチケット代の一部に寄付金が含まれている。一方、企業向けのディナーはかなり高額になり、一万ドルから五万ドル(一二〇万円から六〇〇万円)までのテーブルが用意されている。最近では、ビジネスマン同士がネットワークを強化するイベントも始めている。「投資サービス・リーダー・フォーラム」は、クリントン政権時に財務長官をつとめ、現在、シティ・グループの取締役兼経営執行委員会会長をつとめるロバート・ルービンや、天才投資家の異名を持つウォレン・バフェットなど、業界で影響力のある人たちと議論ができる朝食会だ。参加費は四回で一〇〇〇ドル(一二万円)だが、うち二〇〇ドルは税控除が可能だ。

資金集めのイベントのなかでも大成功を収めているのが、社交界で知られる人々の豪華マンションに有名シェフを招いて開かれるチャリティー晩餐会で、参加者は好みのホストを選んで参加する。豪華マンションの室内装飾や、ホストのセンスが反映される洗練されたテーブル・セッティングが見られるのはめったにない機会である。アンティークの由緒ある食器やグラスなどが料理を引き立て、同じテーブルを囲んだ参加者と知り合いになれるチャンスでもある。一九九五年の図書館百周年記念の時には、マンハッタンで一〇〇のディナーが開かれ、のべ一〇〇〇人以上が参加して大盛況を収めた。

こうしたイベントへの参加は、市民の社会貢献の意識を満足させるだけでなく、社会的なステイタスを得る上に、新しい出会いが人脈を広げるなど、様々な魅力に満ちている。いかに参加者を満足させる企画を立て、図書館への支援を拡大していくのか。まさに、事業開発部の手腕が問われている。

二〇〇〇年から始まった「ヤング・ライオン」は、事業開発部による「顧客開拓」の新企画である。これまでは、タキシードとイブニングドレスの華やかな夕べが資金集めの定番であり、『ニューヨーク・タイムズ』の社交欄にはイベントの写真も掲載される。しかし、こうしたものに参加するのは「年配者」というイメージがあり、若い世代を上手く取り込むことができず、それが課題となっていた。

若年層へのアピール

ヤング・ライオンは、二十代から三十代の人たちに限定した図書館支援の会で、年会費は三〇〇ドル(三万六〇〇〇円。税金の控除は六五ドル)から二五〇〇ドル以上(三〇万円。同二一五ドル以上)。会費を誕生日や結婚記念日のプレゼントとして贈ることもできる。ヤング・ライオンの会員になると、人文科学、芸術、ビジネス、法律、政治学、メディアなどをテーマにしたイベントへの招待がある。クリントン政権時に報道官をつとめたジョージ・ステファノポロスが、本館で大統領選挙と政治ジャーナリズムについて講演するかと思えば、黒人文化研究図書館でジャズの夕べが開かれるという具合だ。「これからの図書館を支えていくのはまさに若い世代です。なるべく早い時期から彼らのような世代を開拓して、図書館への理解を深めてもらい、寄付などにつなげていくのが目標です」。ドゥン副部長はきっぱりと言う。

二〇〇一年に設けられたヤング・ライオン文学賞は、三五歳以下を対象とする。賞金は一万ドル(一二〇万円)だが、若い才能を発掘して社会にアピールすることで、若手作家が広く認められる場を設けることを狙いとする。ニューヨーク公共図書館は、知的な有名人に協力を仰ぐことを惜しまないが、二〇〇一年の授賞式では、ヤング・ライオンの共同評議会長をつとめる人気俳優で作家のイーサン・ホークと、妻で女優のユマ・サーマンが最終選考に残った作品の一部を朗読し、会場を大いにわかせた。受賞者のコルソン・ホワイトヘッドは、受賞挨拶のなかで執筆の上でいかに図書館が役立ったかを語っているが、図書館はまさに作家の仕事場であり、その活動を支援してくれる応援団でもある。

ヤング・ライオンのメンバーたちは、図書館のために自ら資金集めのイベント企画も行う。そのひとつである「アラビアン・ナイト」をテーマにした夜会では、一晩に一〇万ドル(一二〇〇万円)も集まった上、七〇〇人がテーマに即した衣装で参加して、たいそう華やかな夕べとなった。本館のホールはすっかり模様替えされ、華やかな衣装に身を包んだ若者で賑わいを見せる。こうしたイベントに集まる若手の作家やクリエーターたちの社会や文化への問題意識に触れることはもちろん、関心を共有する同世代と知り合うチャンスにもなった上で、図書館を支援できるのだから、多くの参加者にとってとても魅力的だ。

事業開発部では個人や企業だけでなく、政府や財団も重要な財源の提供者だと捉えている。

資金集めはターゲット別に、一般市民、篤志家、企業に加えて、国や地方自治体、政治家、財団などを専門とするスタッフを配置。それぞれに最もアピールする形で、支援を得るための企画や方策を練りあげる。スタッフは常日頃から、こうした人々と緊密に連絡を取り合い、情報収集を怠らない。政府や財団などによる補助金や研究費の案内にも常日頃から目を光らせ、適当なものを探し出し、片っ端から申請書を送る。またそれとは別に、財団に直接寄付を促す担当者もいる。さらに、図書館に関心をもってもらえそうな政治家をさがし出し、図書館の意義をていねいに説明して積極的にロビー活動を行う。こうした行動に出る場合には、ニューヨーク公共図書館という巨大組織の各部門の利害を上手く調整する能力に加えて、相手にどんなメッセージをどんなふうに伝えるのかなど、まさにプロのテクニックが必要とされる。

資金集めは膨大な時間とエネルギーを要する重労働ではあるが、自助努力を求められることが新たな企画を打ち出す上での原動力になり、また既成概念にとらわれない大胆な発想を可能にする。二〇〇一年には、五万四〇〇〇件の個人・企業・財団から、合計三八億二八〇〇万円にあたる額を集めている。スタッフの地道な努力と斬新なアイディアがあってはじめて、図書館の財政的な基盤を確保することができるのだ。

3　図書館のブランド戦略

ライオン像もPRに一役

事業開発部が資金調達に奔走するのに対して、図書館のイメージを魅力あるものとして広く伝えていくのが、コミュニケーション&マーケティング部の役割だ。部長をつとめるナンシー・ドナーは、過去五年間に国内外のメディアによる図書館の報道を倍増させた実績を持ち、アメリカ広報協会やアメリカ図書館協会などをはじめ数多くの賞を贈られている、アイディアと行動力のある女性だ。ドナーたちが拠点とするのは、五番街の本館の南側、通りを挟んだビルにある、小さいけれど活気にあふれるオフィスだ。

彼女に最初に尋ねた質問は、ライオン像を使ったメディア戦略の経緯だ。それは、野球のワールド・シリーズの決勝戦に、同じニューヨーク市を拠点とするメッツとヤンキースの両チームが戦うという〝前代未聞〟のできごとを生かしたアイディア抜群のものだった。

ちょうどその頃、ワシントンDCの郊外に住んでいた私は、ある朝CNNのニュースを見ていたところ、突然、愛しのニューヨーク公共図書館前からの生中継が始まったことに興奮した。地元球団同士の対戦を伝える画面の向こうのリポーターの背後に、図書館本館とともに、メッツとヤンキースの巨大な帽子をかぶった本館正面に鎮座する二頭のライオン像がはっきり映っていたのだ。すぐにピンときて「なるほど、さすがの広報戦略！」となった私は、いつか機会があれば是非その裏話を聞こうと思っていたのだった。

さすがに勘のよいドナーは、ワールド・シリーズで両チームが勝ち進むのを見てせっかくの機会に何かできないものかと考え始めたところ、ライオン像に野球帽をかぶせることを思いついたという。確かにこれまでも、図書館が工事中の時にはヘルメット、特別なイベントの時には蝶ネクタイと、ライオン像は折に触れて広報に活用されてきたが、野球帽のアイディアも格好のものだった。効果はてきめんで、多くのメディアに取り上げられただけでなく、市民や観光客がライオン像をバックに記念写真を撮るなど、図書館は宣伝費をまったく使うことなしに、全米にその存在を広くアピールできたのだ。とりわけテレビは露出効果が大きいだけに、広告費に換算するとたいへんな額になる。

ワールドシリーズで地元のメッツとヤンキースが対戦した時に，本館前のライオン像は各々の野球帽をかぶった．ユーモラスなライオンはTVなどのメディアで取り上げられ，広告戦略は大成功となった．
(© Gary M. King)

ドナーたちは、なるべく経費を使わずにメディアで取り上げてもらえる方法に常に考えを巡らせているため、高くつく広告費を節約して、少ない予算で最大の効果をもたらすような知恵が求められる。無料パソコン講習会のPR広告作りの時には、ニューヨーク市交通局に掛け合って、共同で一枚の広告スペースに二つのメッセージを入れることを提案した。「すごい場所に行くなら――ニューヨーク市交通を！」というコピーの横に「図書館で無料コンピュータ教室を」という文字が踊る。つなげて読めば、「すごい場所である図書館に行く」とも読めるレイアウトで、おまけに広告代は折半のため本来の半額で済んだ。「こういうことを毎日真剣に考えるのが、私たちの仕事なのです」と言ってドナーは笑う。

図書館のメディア戦略

ところで、この部署は広報、マーケティング、デザインの三部門から構成されているが、広報は報道関係者とのネットワーク作りを大切にし、ニュースに取り上げてもらえるようなイベントを企画したり、ジャーナリストの関心を呼び起こす広報資料作りなどを手がけている。影響力のある『ニューヨーク・タイムズ』紙などに、図書館の話題が取り上げられ、社会的な認知を得ることは、図書館の活動を幅広く伝え、支持者を獲得する上で極めて重要になる。寄付を寄せた篤志家が『ニューヨーク・タイムズ』での大きな扱いに悪い気がするはずがなく、こうした対応も積極的に行う。寄付を寄せる篤志家と同様に、政治家が参加したテープカットの写真付き記事も、謝意を表し図書館のために力添えしてもらう上で軽視できないという。また、こうした記事が掲載されれば、新たな寄付や支持に繋がるとの期待もある。その一方で、図書館に関する否定的な記事が書かれないように「危機管理」をしたり、インタビューを受ける職員に対して、受け応えのアドバイスを行うこともある。
図書館の多様な活動を、メディアを通していかに思い通りに伝えていくのか。オヤマらも日々、頭を悩ませる。

カラフルなバナー(旗)が分館の入口を飾る．これも図書館のブランドイメージ作りの一環だ．

ブランド・イメージを確立

マーケティング部門の場合、その目標は実に明快で、図書館のブランド・イメージを確立し、それを一定したものに保つことである。しかし、その実践は決して楽ではない。図書館自体が八九の研究図書館と地域分館からなる複合体であり、それに加えて利用者の層も極めて幅が広い。地元のニューヨーカーから、インターネット経由で利用する海外の人々、地域の子どもから世界的な作家、ふらりとやってくる旅行者から友達とのランチの帰りに立ち寄る〝有閑マダム〟まで極めて多岐にわたる。また、寄付の額も、一人につき三〇ドルから三〇〇〇万ドル規模までとかなりの幅がある。加えて、前にも触れたように、同じニューヨークの文化施設との熾烈な寄付金獲得レースに勝利しなければならない。そのため、広報、マーケティング、デザインのすべてを駆使して戦いに挑まなければならず、まさに企業並み、あるいはそれ以上の専門性が要求されている。そのため、篤志家や企業に寄付に値する場であるとの「イメージ」を創出する必要がある。そしてそのためのブランド作りで大切なのは、自分たちがどう見られたいのかを明確にした上でイメージを固めていくことなのだ。「企業と共同でのブランド作りをしていますが、図書館のブランドも守らなければならないわけですから、どんな企業でもよいわけでなく、子どもの読書イベントにタバコ会社がスポンサーになることはありません」との指摘にあるように、ニューヨーク公共図書館は、地域としての親しみやすさや公共性と同時に、国際的で先進的なイメージを重要視している。

それだけに、デザイン部門は重要な役割を果たしている。図書館のイメージを市民に醸成させるためには、言葉だけではなく視覚的にも存分にアピールするような情報発信が必要とされているからだ。ポスターやパンフレット、広告、ニュースレター、年次報告書から招待状、便箋、スタッフの名刺に至るまで印刷物の統一感を出すために、そこに使用するロゴのデザインから、イラスト、写真、レイアウト、色まで様々な配慮をして、図書館のブランド・イメージを確立するための工夫がこらされている。その格好の例が「スタイル・マニュアル」と呼ばれるスタッフ用の小冊子だ。ここには、図書館のシンボルであるライオン像のイラストの複数のパターンから、ロゴの字体や大きさのバランスなど、大組織でも統一したイメージで情報発信できるようにと、デザインやレイアウトの例などが細かく指定されているという徹底ぶりだ。図書館が発行する冊子やチラシなどはいずれも洗練されたデザインのものばかりだが、それもこうした努力の賜物だったのである。作業にあたるデザイナーたちも、多数の賞を受賞し、高く評価された実績を持つ専門家ばかりという力の入れようだ。

しかし課題も残されている。市民を対象にした調査を行なったところ、図書館は古い本を集めた時代遅れの場所だとの見方がある一方で、最先端のテクノロジーの導入が一部の市民には敷居の高さに繋がっていた。加えてこの図書館がＮＰＯであり、外部の支援が必要だということも意外に知られていないこともわかった。今後はこうしたギャップを払拭するための、さらなるイメージ戦略を展開していくという。

どんなに素晴らしいことをいくら行なっても、それが市民に理解されるように伝わり、さらなる行動を喚起するものでなければ決して十分とは言えない。その意味でも、図書館について広くメディアに取り上げてもらい、その確固たるイメージを保つために、細心の注意を払いつつ戦略的に行動するスタッフの努力は、ニューヨーク公共図書館のブランド作りに大きく貢献している。

財政難を乗り越えて

二〇〇一年の同時多発テロ事件以降、ニューヨークでは景気後退が続いており、それにともなって市は大幅な予算削減を断行した。ニューヨーク公共図書館もその影響を直接受けているが、サービスのレベルを落とさないためにも、事業開発部を中心とした活動はさらに活発になっている。

しかし、厳しい状況に直面しているのも事実だ。市の予算削減が続くなか、二〇〇三年度には市からの資金は一六一〇万ドル(一九億三二〇〇円)のマイナスとなっている。そのため、図書館では、開館日を週五日に減らすなどの措置をとっているところも数多く出てきているが、こうした事態は一九七〇年の景気悪化以来だという。全体のスタッフ三七〇〇人のうち二〇〇名の人員削減が行なわれたほか、資料の購読やイベント開催などにも影響がでている。なかには、図書館内に募金箱を設置するところまであるというから深刻だ。こうした事態こそ、まさに事業開発部や広報の腕の見せどころとして、ドゥン副部長は、「図書館の重要性を考えたら、何がなんでもお金を集めるしかないですね。図書館の現状をうまく伝えていければきっと大丈夫です」と前向きだ。

主たる取り組みとして、二〇〇三年五月、「緊急キャンペーン」と銘打ち、向こう三年間で一八〇〇万ドル(二一億六〇〇〇万円)を集める資金集めに着手した。そのためのPR資料もなかなかよく出来ている。予算削減で「分館一館あたり年間三〇〇〇冊の本の購入が減ることになります」など、具体的にどのような影響が出るのかを示してアピールする。著名人の活用も忘れない。図書館の「卒業生」からと称して、元国務長官のヘンリー・キッシンジャー、ピューリッツア賞作家のジョン・アップダイク、コメディアンのビル・コズビー、著名編集者のティナ・ブラウンなどの文化人が、メッセージを寄せた文章もまとめられている。社会的な影響力を持ち、メディアに登場する機会も多い彼らは、図書館を代弁してくれる貴重な存在だ。こうした「大物」からすぐに協力が得られるのも、日ごろのネットワークの賜物である。

図書館スタッフによるロビー活動も活発に行われているが、図書館理事らのリーダーシップのもと、市民のワーキンググループが立ち上がり、予算削減を最小限に止めるための行動に出ていることも、図書館の今後を考えるとき心強い。予算削減反対の行動として呼びかけたことに応えた、市民からの二万五〇〇〇通に及ぶ手紙は、ブルームバーグ市長を動かした。そして、七六〇万ドル(九億一二〇〇万円)を予算に計上し直すという成果につながったのだ。この措置に「奇跡であり、図書館の勝利でもある」とルクラーク・ニューヨーク公共図書館館長はコメントしている。

複数の財団や企業からさっそく寄付も舞い込み始めた。予算削減でも例年通り継続する方針だった、子ども向けの読書イベントでは、三〇万人の子どもに送る案内のはがき代は「ヤフー」が、三万五〇〇〇冊の本代はある財団が負担した上、『ニューヨーク・ポスト』紙がイベントを宣伝する紙面スペースを無料提供した。

図書館が苦しい時に、市民や企業から協力が得られるのも、日ごろの活動があってのことだ。図書館は常に社会の重要な拠点となるべく努力し、それが市民や企業の支持につながり、その期待に応えるべくさらにサービスを充実させるという、「正の循環」を生みだしている。ニューヨーク公共図書館は、良かれ悪しかれ民間から最も多くの資金を得ている公共図書館と言われる。確かに、公共的な役割を果たす図書館が、民間に寄りかかりすぎることの危険は残されている。それだけに、こうした緊急時こそ自らの役割を慎重に自問自答していく必要があるだろう。財政面ではこの上なく苦しいが、ウォーカー部長は楽観的だ。「私のキャリアの中で、景気悪化の影響に遭遇するのは四回目です。予算が少なければ、図書館もあらゆる手を尽くして資金獲得や効率改善に努力します。時にはそれがサービスの質の向上や新しい展開に繋がることだってあるのです」。まさに修羅場をくぐってきた自信なのかもしれない。

図書館サービスを充実させるためなら、決して諦めることなく、どんな努力も惜しまないスタッフたち。熱い思いの彼らの存在が、最悪の事態を回避する。

第5章　インターネット時代に問われる役割

インターネット時代だからこそ，日常的な交流が知を生み出す原動力になる.「研究者・作家センター」の研究員たち.

1　デジタル化で変わる図書館

開館から一〇〇年以上にわたり、ニューヨーク公共図書館は、市民の知的好奇心を満たし、日々のくらしを支え、より豊かな生活を保障するために多彩な活動を行ってきた。そして、こうした伝統的な使命はそのままに、図書館の情報提供のあり方を大きく変えるきっかけとなったのが、一九九〇年代半ばから急速に広まったインターネットの登場である。ニューヨーク公共図書館は、新しい情報技術が図書館サービスをいかに強化するのかをいち早く理解し、その実現のために素早い行動をとってきた。こうしたデジタル化に向けた積極的な取り組みは、新しい活動を次々と可能にする一方で、図書館の役割を再考するきっかけにもなっている。本章では、デジタル時代の多様な取り組みとともに、デジタル化によって図書館本来の意義が浮かび上がる事例も見ていきたい。

インターネットの登場

ネット経由の利用が急増

ニューヨーク公共図書館の電子化への本格的な第一歩は、一九九五年にさかのぼる。この年、図書館は開館百周年を迎えたが、新しい時代への幕開けに歩調を合わせるかのように、公共図書館としては当時まだ珍しかったウェブサイトを立ち上げた。当初はごく限られていたサービスも、ウェブでの資料検索や貸出し予約、新聞・雑誌データベースや電子ブックの閲覧、電子メールによる問い合わせなど、時間や空間を越えて利用できる「電子図書館」の充実に向けて徐々に進化を遂げていく。ウェブサイトのページ数も約一万五〇〇〇と充実してきた。全ての図書館ではコンピュータとインターネット接続が提供され、コンピュータ教室も行われるなど、誰もが電子情報を利用できる体制を整えた。八九館全てがネットワーク化され、他の分館の所蔵資料を検索し、指定した図書館で受け取れる制度も今では当たり前になっている。研究図書館では、外部との連携を充実させ、ニューヨーク公共図書館が所蔵していない資料は、一二〇〇の加盟図書館からなる相互貸借ネットワークを活用すれば、必要な資料を利用することもできる。

物理的な理由や時間不足で図書館に足を運べない利用者のためには、「エクスプレス」という調査やコピーを代行する有料サービスもある。ウェブサイトにある注文書に資料名や調査内容を記入して電子メールで送れば、図書館が持つ膨大

「電子図書館」で提供する主な情報と利用支援

①利用案内，イベント・講座などのお知らせ
②所蔵資料検索と貸出し予約
③新聞・雑誌データベース，電子ブック
④リサーチガイド，推薦資料リスト，リンク集など
⑤デジタル・コレクションと検索機能
⑥メールによる資料相談
⑦コンピュータ端末(各種ソフトウエア搭載)，インターネット接続，ノートパソコン用電源とインターネット用接続ジャック
⑧パソコン教室，情報活用講座

な情報資源を知り尽くした司書たちが、利用者の要望に応じて即座に適当な資料を捜し出す。早ければ三時間以内にファクスで送付され、郵便や宅急便などでも受け取ることができる。誰もが、いつでも、どこからでもサービスを受けられる「電子図書館」の利便性ははかり知れない。今では年間利用者一五〇〇万人に加えて、実に一〇〇〇万人がウェブ経由で図書館を利用、世界一九〇カ国以上からのアクセスもあるほどだ。研究図書館では向こう一〇年で、資料の一割をインターネットで提供する計画で、今後こうした流れはさらに加速する見込みである。

ところで、図書館の電子化と言えば、とかく「新技術の導入」と捉えられがちであるが、あくまでも技術は図書館サービスを強化するための手段にすぎず、目的ではない。

検索システムは情報水先案内人

図書館の根幹をなす資料検索にも、それが如実に表われている。コンピュータが使われるはるか以前から、図書館が持つ膨大な資料の中から、必要なものを的確に探し出す機能をいかに設計するのかは、図書館が抱える大きな課題となってきた。いかに素晴らしい所蔵資料があったとしても、最適なものに出会う仕組みがなければ、資料が有効に活用されているとは言い難いからだ。その点、ニューヨーク公共図書館の検索システムは、デジタル情報の特性を生かし、利用者と資料を結びつけるべく様々な工夫が施され、一見、関連のなさそうな資料までも実に幅広く探し当ててくれる。

資料検索で「ガン」と入力してみた時には、ほかのものに混じって黒澤明監督の映画「生きる」のビデオが出てきて、意外な気がした。思えばこの主人公はガンを宣告されてから、生きることの意味を考え始めるのである。「一冊の本が人生を変える」とはよく言うが、資料を探していたガン患者が、たまたま出会ったこの作品から何かしら得られるところがあったとすれば、偶然の出会いがいかに価値あるものなのかを改めて考えさせられる。

ちなみに日本の国会図書館の検索では、「ガン」と入力してもこのビデオはでてこない。一般に日本の検索システムは、本のタイトルや著者名を知らなければ検索しづらく、タイトルにテーマに関する言葉が入っていないものや、分野が明確でないものは、拾い切れないものが少なくない。こうした違いは日本語の特異性や技術的な問題もさることながら、多角的なルートから情報にアクセスできる体制づくりに対する認識の欠如や、それを実現し得る専門性の蓄積とも無関係ではないだろう。実感しにくいことではあるが、全ての所蔵資料には内容に関する情報や分類などの書誌情報が付けられており、それによって検索結果が変わってくる。ニューヨークのシステムで「生きる」が拾い出されるのは、この作品をどうとらえるのかという判断の結果でもあるのだ。

加えてこの検索システムでは、調査中のテーマに関連するものまで検索項目を自動的に拾いあげてくれる機能もある。「生きる」の目録には、「生きることの意味を扱った映画」「同様のジャンルの日本の映画」「黒澤明」などの項目が立てられ、それぞれに対して所蔵資料から関連のものが一覧で見られるようにリンクが張られ、関連資料を次々と容易にたどることができる。

ところで、「生きる」の貸出し状況をウェブでチェックしてみると、このビデオは四つの図書館に所蔵されているが、一本は貸出し中、もう一本は予約中であった。五〇年以上も前に作られた日本映画が、今でもニューヨーカーに引き続き見られているということは、黒澤作品の偉大さはもちろんのこと、充実した検索システムとも無関係ではないように思える。

多メディアを網羅

日本では、本とビデオなど異なる媒体を一括検索できるシステムはまだそう多くはないが、ニューヨーク公共図書館では、テーマに沿って多様な媒体を対象に検索が可能だ。例えば、世界的指揮者の「小澤征爾」について調べてみると、二〇〇件ほどが検索される。小澤自身による著書、彼を題材にした著書や批評、写真集、また小澤が指揮をつとめたコンサートの録音テープやCD、ビデオなども簡単に調べられる。

また、本と違って再生しなければ中身をすぐにチェックできないビデオなどについては、「目録」に内容が詳細に記され、資料の内容を判断する上で有益だ。例えば、ビデオ「タングルウッド物語」の目録によると、ボストン交響楽団が毎年夏に行うタングルウッド音楽祭の模様を収めたものであり、オーケストラのリハーサル、学生らとの議論、インタビューなどの模様から構成されているのがわかる。こうした説明文も検索の際に一字一句拾い上げてくれるから、きめ細かく資料を見つけ出す上で役立ち、小澤がほんの一部にしか出演していないようなものさえも拾い出されてくる。ここでも目録には、ビデオに登場する全音楽家や演奏された全楽曲の項目が立てられ、それぞれが所蔵資料の一覧にリンクされ、さらなる調査も楽々だ。

当然、こうしたシステムは、絞り込んだ検索にも力を発揮する。例えば、「電子商取引」というキーワードで検索すると膨大な数の資料が表示されるが、それを副題ごとに、電子商取引の「アジア関連」、電子商取引の「具体的事例」といったようにさらに分類して表示してくれる。また、マルチメディア時代を反映するように、目録に関連ウェブサイトへのリンクが張られているものもある。政府の報告書や統計などをはじめ、図書館が印刷物として所蔵しているもので、同時にウェブサイトから閲覧できるものや、関連資料として役立つものもあるからだ。

データベースは「公共財」

資料検索が、本やビデオなどを探し出す上で欠かせないとすれば、新聞・雑誌の個別の記事をテーマに即して検索し、閲覧する上で役立つのがデータベースだ。かつて記事を手に入れるためには、索引で該当記事を探し出し、バックナンバーを手に入れ、コピーすることが必要だったが、データベースによって、数百種類の新聞・雑誌を過去数十年にさかのぼって、瞬時に検索し、全文を閲覧することが簡単にできる。

当初はＣＤ－ＲＯＭでの提供が主だったが、一九九七年には、全米の公共図書館に先駆けて

市民に無料提供されているデータベースの例

「ニュースペーパーソース」—全米 224 の新聞および 18 の外国新聞と，6 つの通信社によるニュースの記事検索と全文に加え，全国紙 4 紙の索引と要約が読める

「マスター・ファイル・プレミア」—1975 年以降の 1900 種類のビジネス，健康，科学などの雑誌記事検索と全文が読める他，2510 誌の索引と要約も読むことができる．キング牧師のスピーチなど，1000 の歴史的な記録も含む

「ビジネスリソースセンター」—2470 種類のビジネス関連雑誌の記事検索と全文が読める

「ノーベリスト」—10 万点の小説についての情報と書評が全文読める．作家，場所，筋書などから検索も可能

「博士論文要約」—1861 年から現在まで最新の博士論文の概要．米国とヨーロッパの 1000 の大学の 150 万本の論文を収蔵

「AP フォト・アーカイブ」—AP 通信の豊富な写真が検索できる

この他にも，芸術，建築，ビジネスと産業，教育，健康と医療，歴史，宿題支援，地域コミュニティなど約 350 種類のデータベースを購読．

ウェブ経由での利用が可能となり、図書館カード番号をパスワードとして入力すれば、自宅や出張先などどこからでも、いつでも利用できる。ただし、一部のものは契約の関係から館内のみでの利用となる。市民の要望の高さを反映して、二〇〇二年には図書館全体で三五〇種類を購読しており、総額は全資料費の約一割にあたる二〇〇万ドル(二億四〇〇〇万円)。図書館は約二〇〇のデータベース会社との間に、四〇〇〇万人が利用可能な契約を結んでいるというから驚く。図書館による提供がなければ、大半の市民はその存在さえ知らなかっただろう。

調べる文化が背景に

図書館が提供するデータベースの豊富さや、検索機能の充実には目を見張るばかりだが、こうした背景には、研究者に限らず市民が日常的に図書館の情報を駆

使してものを調べることが定着しているという文化的な要因も見逃せない。アメリカではデジタル化のはるか以前から、断片的な情報を組織化し、網羅的に検索できるように、詳細な索引づくりが記事検索においても整備されており、市民も最新の新聞や雑誌をまるごと読むだけでなく、同じテーマの記事を他の媒体と比較したり、時系列に追ってみることで情報を多角的に読みこむ人は少なくない。その証拠に日本に比べると実に多様な記事索引が存在し、かなり小さな図書館でも調査用にこうした索引が並んでいることも珍しくない。余談になるが、アメリカで出版されているノンフィクションの大半も巻末に索引がついているが、これも通読するしないにかかわらず、同じテーマを他の資料と比較するなど、本を主体的に活用するのに役立てるためだ。

ニューヨーク公共図書館が提供している専門性の高いデータベースには、「環境問題」「女性問題」といった特定のテーマに特化し、関連の学術雑誌、ニュースレター、報告書、統計など豊富な情報源を集めたものから検索できるものも多く、調査には格好だ。なかには「幼児虐待」に関する情報源だけを集めたようなものもあるが、まさにデータベースは、こうした「索引文化」「調べる文化」の上になりたっているのではないだろうか。

データベースの使い勝手も進歩し、調査の効率をさらに高めている。全文記事のうちキーワードの部分が太字で表示されるなど、必要な部分だけ拾い読みしやすくなっているほか、関連情報がリンクされているなど充実している。全文を読めるものも多く、データを保存したりプリントアウトも可能だ。余白にメールアドレスを入力すれば、記事をそのまま電子メールで送付できるものもあり、後でじっくり読んだり、加工したりする場合などにも便利だ。データベースは大人向けだけでなく、宿題支援などの子ども向けのものを揃えているのは、電子情報活用能力の育成を重要視しているからだ。インターネットがあれば何でも調べられるという見方もあるが、必ずしもそうでないことは、こうした付加価値の高いデータベースを使ってみればその違いはすぐに実感できる。

利用者の便宜のために、関連する無料公開のデータベースにはリンクを張り、学会の会員や大学関係者のみに公開されているようなデータベースにも、利用者が支払うことでアクセスできるように、図書館側が交渉を行なうこともある。図書館は伝統的に情報を無料で提供することが重要な使命ではあるが、無料で提供はできなくても、少なくとも利用者の必要に応じてアクセスできる情報環境を提供をすることに努めている。図書館は、データベースの費用を抑えるために他の図書館と共同購入したり、値下げ交渉を積極的に行ったりしている。つい最近も、値上げを行なった企業との大口契約をうち切り、他に乗り換えた例もあるほどだ。

データベースの提供も、図書館のあり方を変えている要因だ。これまでならバックナンバーを探し、マイクロフィルムの使い方を教えるなど、スタッフのサポートが必要だった。しかし、データベースは「セルフサービス」を促し、利用者が自分で作業するため、その分スタッフが他の作業に集中できる。また、利用者の履歴が把握できるため、購読の追加や削除に反映させることも可能だ。

データベース固有の課題もある。これまで図書館は資料を購入し物理的に所有することができたものが、データベースの場合はライセンス契約で、契約が終わってしまえば何も残らなくなってしまう。そのため、現在は、データベースの購読とともに主要な印刷媒体は引き続き購読しているが、今後、さらにデータベースが増えれば、印刷媒体の購読をうち切るものが出てくる可能性があることはアーカイブの面から危惧を覚える。

電子ブックの提供も

二〇〇一年から「電子ブック」が導入されていることも紹介しておこう。電子ブックは、本をまるごとデジタル情報にしてウェブサイトで提供しているもので、図書館のウェブで電子ブックを選択すると、自動的に「ネット・ライブラリー」という電子ブックの流通を手がける民間会社にアクセスされ、テキストはインターネット上で閲覧できる。ダウンロードをして自分のコンピュータで読むことも可能で、いつでも、どこからでもアクセスが可能であることや、テキストの検索機能を使えば希望の箇所をすぐに探し当てることができ、調査にはうってつけだ。

現在約四万種類があり、ビジネス、コンピュータ、自己啓発、宿題の支援や健康に関するジャンルのものが多い。電子ブックの一覧から著者名、タイトルあるいはキーワードを使って本の検索もできる。図書館にとって、電子ブックは書棚のスペースや整理の手間が不要で、傷みの心配もいらず、期限になれば自動的に「返却」されるため管理がしやすいという利点がある。しかしながら、記事データベースなどに比べると、点数が多くなく、まだまだ利用が少ないのが現状で、本のように分量の多いものは紙媒体のほうが読みやすいことがその理由かもしれない。電子ブックはまだ実験的な試みであるが、図書館は来館せずに利用できる資料の充実に力を入れている。

2 発信する図書館へ

デジタル・コレクションとは

デジタル化がもたらした大きな変化のひとつは、図書館による情報発信の機会が飛躍的に増えたことだろう。これまでも図書館は、様々なテーマに沿った推薦図書や関連情報リスト作りなど、独自に情報を吟味し、編集し、発信してきたが、ウェブサイトという自らのメディアを持つことで、発信型のサービスの可能性がさらに拡大してきている。最近では、司書が数あるインターネットの情報源から厳選したものをテーマごとに集めてリンク集を作り、図書館の電子資料に統合しているが、その事例のひとつが第三章で紹介した、テロ事件に迅速に対応したウェブサイトだろう。

　なかでも図書館が最も力を入れているのが、所蔵資料をデジタル化しインターネットで公開する「デジタル・コレクション」だ。「これまで我々が提供してきた資料は、出版物を購入したものか、データベースのように契約を結んだものか、あるいは寄付を受けたものなどが大半でしたが、「デジタル・コレクション」は、我々自身が作るまさにオリジナルなコンテンツなのです」。技術サービス部門のディビッド・スターン部長はこう説明する。

The New York Public Library
Digital Library Collection
Home | About | Browse | Finding Aids | Forthcoming
DIGITAL IMAGE LIBRARY COMING SOON
NYPL will launch a searchable database of visual materials documenting culture studies and social history internationally from the ancient world to the present. A phased rollout through 2004 will eventually total 600,000 images selected from collection strengths in the arts, humanities, performing arts and sciences, including artwork, maps, photographs, prints, manuscripts, illustrated books, and printed ephemera.
See more about our forthcoming projects. >>

ウェブサイトから，印刷資料・動画・写真などが閲覧できる「デジタル・コレクション」のページ．ひとつのテーマに沿って，多様な媒体を１度に見られるのが魅力だ．


　図書館は膨大な資料を持っているにもかかわらず、展覧会などを除けば、利用者が請求したものをそのまま提供するだけに止まってきたが、ウェブサイトを活用すれば図書館側の判断で、それまで眠っていた貴重な資料を広く公開することも可能になる。

　現在、デジタル・コレクションは九つのテ

ーマで展開されているが、その特徴はテーマに沿った多様な資料を、媒体の違いを問わずに一度に見られることにある。「アメリカの舞台芸術——一八七五年から一九二三年」は、解説文の他に、当時の本、切り抜き、草稿、ポスター、写真など一万六〇〇〇点から構成されている。デジタル・コレクションは、本のように著者がオリジナルの素材を取捨選択し、解釈を加え、再構成したものとは違って、生の素材そのものに触れるおもしろさがあり、また資料の意味づけを柔軟に受けとめられる余地もある。

デジタル化の四つの段階——ニューヨーク公共図書館の位置づけ

①購読あるいは外部の電子情報を統合
（データベース，電子ブック，リンク集）
②検索ツールと資料検索支援の強化
（検索システムの開発，資料検索支援）
③所蔵資料のデジタル化
（デジタル・コレクション）
④研究・教育用の新しいデジタル資料の開発
（デジタル・コレクションを使った教材の作成）

音声・映像資料もあわせて見ることができるため、たとえば、生存中の女優リリアン・ギッシュのインタビューでは、活字だけではわからない彼女の表情や声を聞くことができるし、ダンス教室でのレッスン映像からは当時の様子が生き生きと伝わってくる。「ルイ・アームストロング・ジャズオーラルヒストリー」も、デジタル化によって音声・映像資料の公開が広く可能になったもののひとつで、図書館がジャズ・ミュージシャンらにインタビューした映像をウェブサイトで見ることができる。

問われる情報発信力

デジタル・コレクションはますます発展をとげるばかりだが、こうした情報発信が可能になるのは、図書館が長い歳月をかけて蓄積してきたオリジナリティ溢れる豊富な資料があるからだ。研究図書館のウォーカー部長は「デジタル・コレクションは、一夜にして革命的に起こるような性質のものではなく、過去百年以上にわたる蓄積の賜物だ」と強調する。加えて、デジタル情報の特性を最大限に活かすため、テーマに最適の資料を選び出し、解説をつけ、効果的で魅力的なレイアウトを考え、検索しやすい仕組みを作り、関連情報にリンクを張る有能なスタッフの存在も欠かせない。情報に付加価値を付ける専門性が、デジタル情報時代にこそ必要だ。

デジタル化にあたって優先順位が高いのは、教育的な意義を持ち、市民に広く情報を提供でき長期的に利用可能なものである。図書館が提供する素材を研究に生かし、新しい文脈に照らして出版してもらったり、あるいは出版関係者や美術館展示に関わる人々に調査に活用してもらうなど、資料の利用を促したい考えだ。せっかくの価値ある素材だけに、教育に活用してもらおうとの発想から、現在準備中の一九世紀から二〇世紀の「アフリカ系アメリカ人の移住経験」では、編集スタッフと専門家が教育用に利用できる教師向けガイドも作成した。学習がきっかけで、さらに図書館の資料を利用してもらうことにつながれば、というのが図書館の願いだ。

また、保存という観点から、希少価値のある写真、地図、版画、絵画を含む印刷資料など、傷みやすくアクセスが限られている素材もデジタル化の優先順位が高くなる。似たような資料が重複しないように気を配ったり、その資料の背景をも踏まえて歴史的・社会的に持つ意味を捉え直したり、またこうした素材をきっかけにさらに調査を深めて、新たなリサーチにつなげられるように、資料を単独でデジタル化するのではなく、特定のテーマに即して網羅的に進めていく。常にインターネット上での展開と結びつけ、デジタル保存した資料が広く公開されるようにすることで、必然性と利点を共存させている。

ニューヨーク公共図書館では、デジタル・コレクションを含むウェブ上の電子図書館を、四つの研究図書館と同レベルの「図書館」として位置づけ、その充実に大きな力を注いでいる。ニューヨーク公共図書館のポール・ルクラーク館長は、「我々はこれまでもグローバルなサービスを視野に入れて活動してきましたが、情報革新のおかげで図書館が持つ価値ある資料を、世界中の人に活用していただけるようになりました」と語る。今後もデジタル化の動きはさらに加速する見込みで、二〇〇四年までには、古代から現在までの文化研究、歴史社会学などの分野における検索可能な資料六〇万点が公開される予定だ。

情報活用を促進するために

図書館がさらに幅広い市民に有効に活用されるためには、図書館のサービスを強化するだけでなく、それらを使いこなす市民を育てあげて行くことも鍵になる。そのため、ニューヨーク公共図書館全体では、ハード面では二〇〇〇台以上のコンピュータと高速インターネットのアクセスを無料提供し、またノートパソコンを持ち込んで作業ができる環境も整備している。

図書館の豊富な情報を活用するためには，利用者も情報活用法を知らなければならない．本館・サウスコートの情報活用講座で知的財産権の調査法を学ぶ．

公共図書館は、ニューヨークでもコンピュータやインターネットが無料で使えるほぼ唯一の場所であり、とりわけ地域分館はデジタル・ディバイドを解消するインターネット基地の使命も担う。アメリカは、世界的にみてもインターネットの普及率が高い部類に入るが、それでもそこから抜け落ちている層が存在していることも確かである。図書館では、デジタル情報に比較的馴染みの薄い低所得者層や高齢者などを数多く見かけるが、二〇〇二年には年間四〇〇〇回以上のコンピュータ教室が開かれており、ここではじめてパソコンの使い方を覚える市民も少なくない。情報化が進み、行政情報を電子的に公開する「電子政府」(Eガバメント)をはじめ、多くの情報がインターネットで公開される今、誰もがコンピュータやインターネットにアクセスし、情報を使いこなす能力を身に付けることは、民主的な情報社会を進める上でも不可欠になっている。

しかし、こうした役割も次の段階へ向かおうとしている。長年、コンピュータ講座のカリキュラムを考案してきたアン・ソロントンは、「かってはインターネットやデータベースにアクセスすることに意義がありましたが、基本的なことをマスターしてしまった市民が多くなった今、これから必要なのは、情報を吟味する力やテーマに即した情報をいかに効果的に得ることができるのかというより高度な利用者教育が必要になっている」と言う。こうした状況に対応するために、図書館ではウェブサイトを通じて利用講座の提供も始めたばかりで、情報を使いこなす市民の育成にますます力を注いでいる。

デジタル時代の利用者教育の段階

①公共インターネット端末および電子情報の提供
(デジタル情報へのアクセスを保証)

②コンピュータ利用講座
(デジタル情報利用のための基礎知識や技能の習得)

③電子情報活用講座
(専門分野の情報収集や活用能力の強化)

3　図書館が創る学びのコミュニティ

知の交流の場を作る

ニューヨーク公共図書館は、図書館のデジタル化を強力に推し進めているが、それによって図書館は物理的な空間にとらわれないバーチャルな色彩を強め、利用者は今後ますます来館することなしに、インターネットを通じて多様なサービスが受けられるようになるだろう。百年の歴史を持つニューヨーク公共図書館が行き着く果ては、全てがインターネット上に移行した「次世代型」の図書館なのだろうか——。こうしたことを予測する上でも、興味深い試みが行われている。グローバルでデジタルな動きに加えて、ローカルでアナログという相反する性格を持つプロジェクトが同時並行で進んでいるからだ。

第二章の舞台芸術や第三章の地域情報のセクションでも触れたが、放っておけばともすれば消え去ってしまうような記録の断片や、分散していては意味をなさない情報を、図書館側が意識的に収集し、一カ所に「集める」ことで情報に付加価値をつけることがいかに意義深いことであるのかは、すでに紹介してきたとおりだ。そして今、空間をたやすく越えられるデジタル時代においても、図書館はあえて人と人とを物理的な空間に「集める」ことによって、学びのコミュニティという新しい価値を作り出そうとしているのである。

一九九九年、五番街の本館の一室に設立された「研究者・作家センター」がそれだ。世界各国から一五名の研究員を募り、五万ドル（六〇〇万円）の給付金で約一年間、各自の研究に取り組むという研究機関だ。グローバル時代にあえて逆行し、多様な人々をニューヨークの一室に物理的に押しこんで、日常的な交流を通じて新しい知を創造させるという、いわば〝サロン〟

の発想である。思えば、情報や知識のほとんどは人の〝頭〟のなかに存在し、図書館の資料のように記録されているものはごくわずかである。お互いに刺激しあうことで、知と知をたたかわせ、新しいものを生み出すには、こうした環境も必要なのかもしれない。

これまで研究者の座を射止めたのは、学者、歴史家、建築評論家、作家、詩人、ジャーナリスト、ノンフィクション作家などの経歴を持ち、アメリカはもとより、イギリス、イタリア、オーストリア、オランダ、フランス、ドイツなどの出身者だ。第二期生には、ニュースクール大学の池上英子教授も選ばれた。米国社会学協会から賞を受けたこともある気鋭の学者で、『名誉と順応』などの著書もある。彼女に話を聞こうと本館二階のセンターを訪ねた。重厚な木製のドアを押して中に入ると、細長い空間が広がっていた。両脇に研究員用の個室が並ぶだけで、やたらと目立つのが部屋の真ん中に置かれたどっしりとした大きいテーブルだ。

応募の動機に答えて池上が言う。「どうせなら面白そうなところで研究をしたいと思っていました。ニューヨークはアメリカの知の中心ですし、研究者だけでなく作家もいて、外国人もいるというのが応募の動機です。幅広い人たちと交流できることは、大きな財産だと思いますから」。

唯一の義務は昼食を一緒に

研究員は、図書館が主催する、講演、セミナー、会議、読書会などへの参加のほか、論文などの執筆が求められるが、基本的には自分のペースで自由に研究ができる。しかし、唯一の「義務」は、何があっても研究者同士が毎日一緒に昼食をとることだという！「自由に意見交換できるのがとても楽しい。分野は違っても刺激を受けたり、ヒントになったりすることも多く、何よりネットワークを広げられる。こういう気張らない雰囲気のなかで自由に発言できることが、実はとても大事だとわかったんです」。

池上の同期には、回顧録、戦争裁判、ホモセクシャリティから、音楽、食品、教育など、幅広い関心テーマを持つ学者や作家らがいる。池上は特に作家との交流で学んだことが多かったと振り返る。「学者と作家とは、似ているようで全く違うことがわかりました。学者は大学という組織に縛られ、作家はつねにマーケットを意識しなければならない。学者は新しいことは考えるけれど、それがどう捉えられたのかにはあまり関心がない。しかし、作家は読者を常に意識している」。

作家はひとりで作業をする孤独な仕事だけに、こういう場でたくさんの人と日常的に交流を持つことは、彼らにとっても得がたい機会であり、それだけに収穫が多く実に楽しそうだと池上は言う。「ニューヨークの真ん中に、これだけの人を集めるというのがすごいと思う。ここはつくづくニューヨークの知的コミュニティの中心だと思います」。

異文化、異世代、異分野の人たちとの自由闊達な交流が新しい知を生み出すことにつながる。そして何より交流だけに止まらず、研究員たちは図書館の豊富な資料を活用しながら、研究に集中することができる。

センターの目的は、トップレベルの研究者と市民を結ぶ「知の窓口」になることだ。研究員は図書館の豊かな資料に浸りながら研究を深める。そのかわり、講演やパネル・ディスカッションなどを通して学術サークルや市民との交流をはかり、研究成果を広く還元することで市民に知的刺激を与えて欲しいというのが、一〇〇〇万ドル(一二億円)を寄付したルイス・カルマン夫妻の希望だ。デジタル時代の図書館は、テクノロジーをフル活用した情報提供から、日常的な接触がもたらす知の創造まで、それぞれの特性を合わせて多様なサービスを展開しているのである。

ベストセラー作家を生み出す研究室

一方、デジタル時代であっても、研究や執筆作業を行う物理的なスペースは依然として重要であるが、図書館は人と空間をつなぐことで、知を生み出す支援も行なっている。図書館は長期間に渡って研究を行なう人たちに対して研究室も提供するが、本館にある「フレデリック・ルイス・アレン・ルーム」は、作家や研究者が効率良く、かつ快適に研究生活を送ることができるように配慮された、研究用の空間だ。なお、申請にあたっては、出版社との契約が決まっていることが条件になっている。

アレン・ルームの構想は、図書館に毎日通ってベストセラーをものにした作家の死後、彼の仲間が執筆専用室を作るようにと提供した資金をもとに作られた。各部屋には机が用意されてており、鍵を渡され私物も持ち込める。通常はその日のうちに返却しなければならない文献も、ここならそのまま置いておけるから、長期作業にはうってつけだ。ここからもアメリカを代表する数々の作品が生まれている。

ロバート・カロは、政治家の伝記を書くことを決意し、新聞記者を辞めて家を売り払い、アパートで執筆をはじめた。ところが、家族がいることもあり、執筆が思うように進まなかった。その後、この部屋で四年の歳月をかけて執筆した伝記は、見事七五年のピューリッツア賞に輝いた。

フェミニズム運動の創始者とされるベティ・フリーダンの場合は、もともとはニューヨーク郊外に住む名もない主婦だった。時は一九五〇年代。マスコミは「主婦は立派な職業」と書き立て、主婦の家庭回帰を賛美していた。しかし、彼女は自分をはじめ多くの女性が家庭に閉じこめられ、精神的に空虚な毎日を送っているのではないかと考えていた。こうしたギャップに疑問をもったフリーダンは図書館の豊富な資料と格闘した。そして六三年、「女性も家庭の外に自らの生き甲斐を見いだすべきだ」と説いた『新しい女性の創造』を出版。著書はベストセラーにのぼりつめ、世界各国で大きな反響を巻き起こした。その後、彼女は全米女性連盟を設立し、女性解放運動の中心的役割を果たした。著書のはしがきで、フリーダンはこう記している。「ニューヨーク公共図書館の静かなフレデリック・ルイス・アレン・ルームで、参考文献を手近において仕事をすることができなかったら、三人の子どもの母親である私は、この本を書き上げることさえできなかったであろう」。

一方、もうひとつの研究室である「ベルトハイム・スタディ」は期間が少し短く、三カ月の使用が可能で、必要があれば二回までなら更新が可能だ。こちらの方は、長いテーブルがずらり並んだ大部屋を共同で使うスタイルをとる。入口にある大きな書棚には、リクエストした資料が配達され並べられてあった。長期プロジェクトに関わる研究者にとっては、資料を届けてもらい、それを毎回返却せずに必要なだけ使用でき、また資料を保管し、執筆するスペースがあるということは、とても重要だ。こうした研究者に対する支援が、長い目で見れば社会的に価値のある研究成果をもたらし、作家やジャーナリストを育てていくことにもつながっていく。こうした役割は、デジタル化することもインターネットで提供することもできないのである。

4 情報を紡ぎ、未来の文化を作る

「黒人には歴史がない」

人と人とをつなぎ、人と研究空間とをつなぐことで、新しい知が生み出されるように、歴史の断片を紡ぎ合わせ、文化を作り出しているのが、ニューヨーク公共図書館の黒人文化研究図書館だ。黒人居住地で全米最大規模を誇るハーレム地区。

マンハッタンもここまで北上すると、エンパイアステイト・ビルもはるか南にかすんで小さく見える。道行く人のほとんどが黒人ばかりの一三五丁目とマルコムX通りの交差点にこの図書館が建っている。

「20世紀の黒人ニューヨーカー」100人を賛えた展覧会．黒人文化研究図書館は黒人文化の中心的役割を担う．

ここで開かれた「二〇世紀の黒人ニューヨーカー」という展示では、ルイ・アームストロング、アーサー・アッシュ、マイルス・デイビス、スパイク・リー、トニ・モリソン、コリン・パウエルらの大きなポートレートとプロフィールが通りから見えるように飾られていた。ハーレムといえば、治安の悪さなど何かとネガティブな面が取り上げられがちだが、ここはれっきとした黒人文化の中心地であることを思い出させてくれる。館内にあるアメリカン・ニグロ・シアターは、名優シドニー・ポワチエが演技を磨いた場所としても知られている。

黒人文化研究図書館の歴史は一九二五年にさかのぼる。ニューヨーク公共図書館の一三五丁目分館に黒人文学・歴史・印刷部門が設立され、七二年には黒人部門が研究図書館として独立し、現在に至っている。

設立の翌年のこと、アーサー・ショーンバーグが持つ本、草稿、芸術作品など一万点を取得してコレクションを充実させた。ショーンバーグはプエルトリコ系黒人で、生涯を黒人研究に捧げた人物でもあった。研究の道に入ったきっかけは、多感な少年時代を過ごしたプエルトリコで教師に言われたひと言だった。「黒人には歴史や文化もなく、ヒーローもおらず、際立った業績もない」。ショックを受けたショーンバーグは、後にニューヨークで仕事をするようになるが、黒人にも歴史や文化があることを証明するためにも次々と関連する資料収集を行なった。そして、こうした成果が図書館に収蔵されたのである。その後も、黒人歴史研究団体を設立するなど精力的な活動を展開し、一九三二年から亡くなる三八年まではニューヨーク公共図書館で学芸員もつとめた。

一九二五年の開館当初は一万点ほどにすぎなかった収蔵資料は、今では本、写真、草稿、芸術作品、映画、ビデオ、録音資料など五〇〇万点以上に増え、アフリカ系アメリカ人、カリブ諸国、アフリカ諸国なども含めた世界的な黒人文化研究の中心的存在へと成長を遂げた。多様で豊富なコレクションを持つ世界的な研究センターを誇りながらも、図書館が目指しているのは資料を囲い込むような閉鎖的なものでなく、外国の研究者から、博士号の論文作成、さらには地元小学生の宿題にも役立つよう、貴重な資料を広く市民に還元していくスタイルだ。

歴史を作る図書館

この図書館では、過去の遺産を収集・保管するというアーカイブ機能は大きいが、その対象は活字だけには限らない。国際政治、文化人類学、宗教、文化、芸術などのドキュメンタリーや、米国のアフリカ系コミュニティに関わる問題を扱ったテレビ番組、公共サービスの告知やコマーシャル広告、さらに、ブルース、ジャズ、ゴスペル、リズム・アンド・ブルース、ラップ・ミュージック、それに、アフリカ系をルーツに持つ人が作曲および公演したクラシック音楽の記録のほか、演劇、タップダンス、ラジオドラマ、公民権運動期の演説、最近の講演や会議の資料などもある。文化教育的な活動も盛んで、展覧会、講演会、舞台芸術プログラム、時にはジャズ・コンサートなども行なわれ、公共的な知的コミュニティの役割を果たしており、図書館というよりは、博物館、美術館、劇場のようでもある。

また、図書館には公募で選ばれた六名の研究員がおり、図書館の資料を活用してそれぞれのテーマに沿った研究活動を行うため、文字通り研究所としての顔も持つ。さらに、図書館では、情報収集だけに止まらず、歴史・文化的に重要だと認める人物にインタビューを行ってビデオ・テープに収め資料化することで、先人の知恵を次世代に受けつごうとしている。これまでに、黒人コミュニティの医者、アフリカ系アメリカ人の労働者リーダー、黒人ダンスの先駆者、黒人科学者などをはじめ、幅広い経験や視点を持つ多数の人たちが記録された。コンサート、講演、シンポジウムなど歴史的に意義があると考えられるものもビデオ収録している。インタビューは現在、デジタル・コレクションとして、ウェブサイトで視聴することもできる。

ハワード・ダッドソン館長は図書館の活動をこう解説する。「まさにショーンバーグが言ったとおりです。黒人は歴史的になかなかパワーを持つことができず、それだけに残された記録も決して多くありません。記録がないということは、歴史がないということなんです。この図書館は、地元ハーレムから世界各地に散らばる黒人の様々な記録をかき集めることで歴史を作り、それを未来につなげる場でもあるのです」。

資料には、歴史的な手紙、書類、請求書、給与明細、写真など、市民に呼びかけて提供してもらったものもある。まさに点在する歴史の断片を集め、それを図書館が紡いでいるのである。また、歴史的に重要だと考えられる人物については、図書館側が積極的に交渉して資料提供を促す。二〇〇三年一月には、黒人解放運動の指導者マルコムXのスピーチ原稿、手紙、日記、手書きの書類、写真、妻への手紙、旅行記などが家族から寄贈された。整理・分類・編集などの作業が終わり次第、市民に公開される予定だが、どれも一次資料であり、研究者にとっては価値が高い。図書館では、こうした貴重な資料だけに、民間の手に渡ってばらばらにならないように、図書館で一括保管することが重要だと考えているという。マルコムXの活動拠点であったハーレムに拠点を置く図書館で彼の考えや活動の片鱗が保管され、誰もが自由に活用できることではじめて、彼の思想が次世代に引き継がれていくのだ。

先人の知恵を未来へ引き継ぐ

入口近くの参照図書の書棚には、「黒人文化索引」「アメリカの歴史における黒人女性」「ジャズ年鑑」「ブルース人物辞典」など、この図書館ならではの本が並んでいる。データベースも充実していて、アフリカ系アメリカ人による三〇〇〇の詩が収められた「アフリカン・アメリカンの詩」、マイノリティのニュースが揃った「エスニック・ニュースウォッチ」「一九世紀のアフリカ系アメリカ新聞」「奴隷貿易CD－ROM」など、三六種類がある。

図書館には、研究者、学生、作家、政府関係者などがよく訪れるが、新聞、テレビといった報道機関が事実確認のためにやってきたり、ドキュメンタリー制作のために米国内はもとより、イギリスのBBCなど他国の放送関係者も頻繁にやってくる。イタリア、日本、フランス、イギリス、オーストラリアなど海外からの訪問者は数知れない。黒人文化についてよく知らなかった地元の生徒たちが、資料に触れることで自らの文化に誇りを取り戻すこともあるという。

マイクロフィルム閲覧室のしーんと静まり返った室内では、一九五〇年代の黒人のゲイやレズビアンを題材とする作品に取り組むプロの脚本家が、雑誌『エボニー』の五二年のバックナンバーに見入っている。ボストンの大学で黒人文化のプロジェクトを進める大学教授は、「ここにきて初めて本当に欲しいものが見つかりました」と言った。自腹でニューヨークまでやってきたというハーバード大学の学生は、「この図書館があるからこそ論文が書けるんです」。図書館で黒人の歴史、記憶、文化遺産に接し、先人の知恵に学ぶ。そして、それが新しい未来を作ることにつながっていくのだ。

インターネット時代こそ図書館

図書館のデジタル化につづけて、本章で研究者・作家センターや黒人文化研究図書館の事例を紹介してきたのは、図書館が持つ根本的な役割が根底のところで共通していると考えるからだ。それは、究極的に言えば「つなぐ」ことではないだろうか。デジタル情報とデジタル情報をつなぎあわせ、膨大な情報が有機的に結びつき、それが新しい意味を作り出す。研究者・作家センターでは、人と人とをつなぐことで新しい知を生み出し、黒人文化研究図書館では、記録の断片を紡ぐ＝つなぐことで文化を再認識させることに成功している。

そして、つなぐ作業がこの上なく重要なのは、混沌とした情報社会において、明確な使命を掲げる主体が意思を持って「つなぎ続ける」ことがなければ、情報はすぐに消えてなくなったり、個別に存在しているだけでは意味をなさない場合もあるからだ。そう考えると、図書館は時代を超えて貴重なものであることが明らかになる。しかし、誤解は少なくない。

「それじゃ、図書館がいらなくなりますね」。デジタル時代の図書館について話すと、決まってこんな返事が返ってくる。確かに図書館のウェブサイトを経由して数多くの情報に接することができるようになった今、わざわざ図書館に足を運ばなくてもよいことも多い。それはしかし、図書館の情報提供の手段が変わっただけで、図書館が不要になったわけではない。おそらく「図書館不要論」というのは、図書館という物理的スペースのみが図書館だと考える人の思考のように思える。

「大切なことは、市民が図書館に足を運ぶかどうかではなく、いかに充実したサービスを受けられるかにある」とウォーカー研究図書館部長は語っているが、こうした明確な目的意識が、「図書館」を支えているのである。実際に、ニューヨーク公共図書館の利用者は、九〇年代半ばにデジタル化が推進される中でも増えつづけている。その背景には、図書館が単なる資料を集めたハコではなく、それ以上の価値があるものとしての機能を果たしていることがあるからだ。

マンハッタンには、ソファに座ってコーヒーを飲みながら読書ができる大型書店や、低価格が売りのインターネット・カフェが数多くあり、一見図書館など必要ないように思えるときもある。しかし、こうしたサービスはあくまでもビジネスであり、利益が上がるかどうかを基準としてサービスを行ない、もうからなければビジネスをやめてしまうだけだ。とりわけ書店は図書館とひとくくりに言われることも少なくないが、書店に置かれているのは、比較的最近刊行された本や売れ筋のものが中心であり、また新聞は一日、雑誌は長くて一カ月ほどしか置いていない。利益にあまり結びつかない古い本のストックもほとんどない。加えて、バックナンバーもほとんどなければ、電子情報もない。

では、図書館は書店やインターネット・カフェと何が違うのか。すでに説明してきたことを、ここでまとめてみたい。

①印刷媒体から電子情報、出版ルートに乗らないチラシから歴史記録まで、多様な媒体による豊富な情報を、過去にさかのぼって体系的に蓄積する

②膨大な情報のなかから適切なものを選び出し、評価を加え、アクセスしやすい検索システムづくりをするなど、情報の水先案内人・知のガイドとなる

③市民の情報活用能力を育成するとともに、情報環境を整備する

④人と人との出会いの場を創出し、新しい知を生み出す

⑤研究スペースなど、知的活動のための空間を提供する

⑥著作権や、デジタル化などをめぐる新しい動きに対して、民主的な情報環境作りのために行動する

ここにあげたように、図書館は独自に資料を収集し、整理し、検索ツールを開発するという基本的な作業を行い、情報に対する民主的なアクセスを保証するための公共的な情報空間として存在するものである。いくらインターネットに膨大な情報があっても、そこに存在しないタ

イプの情報の方が当然ながら圧倒的に多いのだ。こう考えると、今後、情報化がますます加速し、デジタル時代が進展しても、図書館が持つ基本的な機能は不要になるどころか、むしろ形を変えてますます重要になるだろう。

むすび
――日本の図書館を「進化」させるために

「本当に図書館が、こんなことまでするのですか?」アメリカの公共図書館をテーマに執筆や講演を行うと、決まってこうした反応が返ってくる。社会の動きや利用者のニーズに対応した幅広い活動の数々は、ここで紹介してきた通りだが、こうした取り組みは否が応でも日本との違いを際だたせ、図書館関係者や市民に少なからずショックを与えるようだ。

確かに、日本の公共図書館は市民に広く利用され、支持者も決して少なくないが、その一方で、図書館が本来持っている可能性をほとんど生かし切れていないのではないだろうか。大半は図書の貸出しに止まっており、それが「無料貸本屋」と批判される現状もある。今の日本に必要なのは、情報社会における公共図書館の役割を再定義し、図書の貸出しに止まらない様々なサービスを提供できる体制をつくっていくことではないだろうか。そこで、以下では、アメリカの事例に止まらず、各国における公共図書館の現状と日本との比較をまじえながら、今後の日本の公共図書館のあるべき姿を探ってみたい。

G7各国との比較

国名	調査年度*	10万人当り図書館数	人口当り貸出数(点)
日　本	2001	2.11	4.23
アメリカ	1995	5.77	6.13
イギリス	1997	8.83	9.77
イタリア	1997	3.78	4.50
カナダ	1995	11.88	6.58
ドイツ	1997	17.48	3.78
フランス	1997	4.38	1.45
計・平均		6.75	5.30

(出所：日本図書館協会)
(＊　調査年度が国によって異なっている)

表「G7各国との比較」から明らかなように、日本は図書館「後進国」である。日本には二六五五館の公共図書館があるが、人口一〇万人あたりの割合で考えると、日本は二・一館であるのに対して、アメリカは五・八館である。他の国々との差はさらに大きい。日本はドイツの八分の一、カナダの五分の一、イギリスの四分の一に過ぎず、それどころか、下から二番目のイタリアに比べても半数ほどだ。そして、表に示していないことだが、日本では依然として、五五％の町と八四％の村に公共図書館がないのである(「日本の図書館二〇〇二」)。

次に、ニューヨーク市と東京二三区の図書館事情を比較してみよう。人口がどちらも約八〇〇万人という、同規模の両都市において、図書館数はほぼ同じであるが、図書貸出し数ではむしろ東京が上まわる。しかし、年間資料費はニューヨークが東京の約二倍、スタッフ数も約二倍にのぼるのである(表「公立図書館資料費等の経年変化」も参照)。市民の図書館利用法やサービ

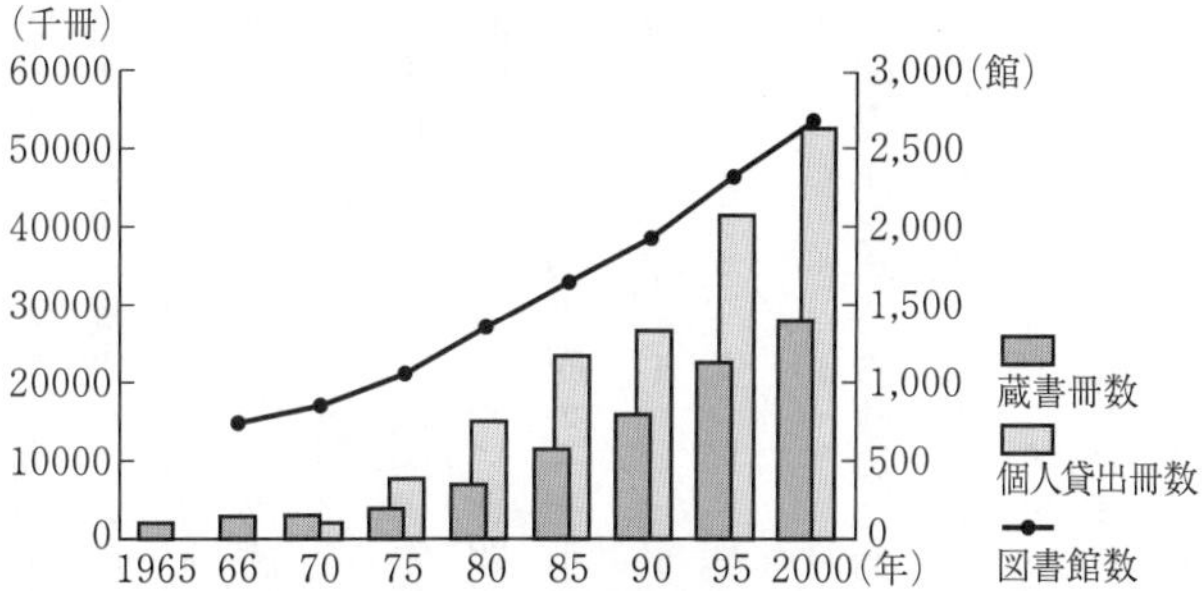

(出所：『まちの図書館で調べる』(柏書房)より)
図書館をめぐる五年ごとの変化

スの違いが反映されてか、ニューヨークでは資料に関する問い合わせ(レファレンス)が年間一六〇〇万件以上を数える。ニューヨークでは職員数が東京の二倍になっているが、それは、専門司書を配置したカウンターを設けたり、独自に索引をつくるなどのリサーチ支援を充実させたりするなど、図書館による「情報編集作業」の存在と関わっていると考えられる。その他、講座やイベントに参加する市民も一五〇〇万人にのぼることから、図書館は本を借りるだけの場所ではないことが、データで浮かび上がる。図書館の基本となる蔵書を見ると、東京はニューヨークの蔵書の三分の一にすぎないが、それだけでなく、ニューヨークでは分館を含む全ての図書館でインターネット端末やデータベースを無料提供しているが、東京では未だ少数に止まっているという違いがある。

もっとも、これは東京とニューヨークの問題というよりは日米の図書館の違いとも言える。アメリカ図書館協会の調べでは、全米九五％以上の公共図書館がインターネット端末を無料提供しているのに対して、日本では全く提供していない図書館が六五％にものぼる。持ち込みパソコンをインターネットにつなげる図書館は〇・八％と極めて少なく、データベースが提供されているのは四・八％に止まり、情報リテラシーの講座を見ると九四・八％で行なわれていない（全国図書館協議会「公共図書館における電子図書館のサービスと課題に関する実態調査報告書」二〇〇二年）。

そして、全国では図書館数の増加は見られるものの、自治体の財政悪化にともない予算の削減が続いているために課題が多い。東京都でも大幅な削減が断行されている。世界の主要都市では、公共図書館が「都市の文化の高さ」を示す象徴としてとらえられ、最先端の情報技術を導入した図書館作りが進んでいるが、日本はそうした流れからはずれていると言わざるを得ないのである（表「公立図書館資料費等の経年変化」参照）。

図書館をめぐる政策においては、日本では二〇〇一年に、一九五〇年（昭和二五年）の「図書館法」第一八条の規定内容が見直され、文部科学大臣によって「公立図書館の設置および運営上の望ましい基準」が告示された。そこでは、多様な学習機会の提供、ボランティア参加の促進などの要素が盛り込まれているが、いずれの規定も「努めるものとする」といった抽象的な表現にとどまっている。サービスの計画的実施及び自己評価等においては、「各々適切な「指標」を選定するとともに、これらに係る「数値目標」を設定し、その達成に向けて計画的にこれを行なうように努めなければならない」として、各図書館が自主的に目標を立て、その実現に向けて努力することが奨励されているが、具体的な記述はないのである。政策は達成目標が明確に示され、その達成のためのコストおよび達成度の測定などがあって、初めて動き出すものだろう。

公立図書館資料費等の経年変化

年度	図書館数	1図書館当資料費	前年度貸出点数（1館当）	
1990	1,898	1,391	26,270	13.84
1991	1,955	1,497	27,418	14.02
1992	2,011	1,556	29,194	14.52
1993	2,091	1,617	32,973	15.77
1994	2,160	1,557	36,491	16.74
1995	2,270	1,541	39,528	17.41
1996	2,335	1,538	41,231	17.65
1997	2,423	1,498	43,263	17.86
1998	2,499	1,460	45,312	18.13
1999	2,580	1,438	46,522	19.34
2000	2,613	1,384	52,334	20.03
2001	2,655	1,332	53,246	20.05

単位　図書館数：館　資料費：万円　貸出点数：万点
（出所：日本図書館協会）

その点、同じ二〇〇一年にイギリスの文化・メディア・スポーツ省（DCMS）が公表した基準はかなり具体的だ。二〇〇四年までに、「人口四万人以上の（図書館の）開館時間を週四五時間以上とする」「オンライン目録、インターネットにアクセスできるコンピュータ端末の台数を人口一万人につき六台にする」など、具体的な数字が示されている。それだけでなく、基準の達成度を継続的に調査し、各図書館は図書館行政庁に進展度を報告しなければならない。

これらの基準に続いて、二〇〇三年には、「将来への枠組み——次の一〇年の図書館、学び、情報」を発表し、新しい図書館像を提起した。本を通じた学びや読書を重視する一方で、「デジタル・テクノロジーをコミュニティの形成、学び、共同作業や情報共有を促すのに重要」であると位置づけて、全英ほぼ全ての公共図書館に「オンライン学習センター」を開設し、司書にコンピュータ・リテラシーと学習者を支援できるような教育を提供することが明確にされている。また、ヨーロッパ全体でも、図書館政策は進んできている。一九九八年欧州議会による「現代社会における図書館の役割に関する決議」が、さらに二〇〇〇年には「ヨーロッパにおける図書館法制・政策に関するガイドライン」が制定されている。アジアでの例として韓国を見ると、大統領令によって図書館の充実が義務づけられている。

本書の舞台ニューヨークがあるアメリカでは、一九九五年の情報スーパーハイウェイ構想のなかで、公共図書館のIT化の促進が明記され、通信費の負担を軽減する制度の導入などで、情報化が一気に進んでいるが、最近も、ブッシュ大統領は、「図書館による教育と情報提供が民主主義の強化に繋がる」として、二〇〇四年の図書館関連の予算を一五％増やすことを発表している。アメリカ図書館協会の調べによると、公共図書館の財源は七割が地方政府、一一・八％が州、〇・七％が連邦政府、九・四％がその他、となっており、地方分権の性格が強い米国でさえ国からの資金提供がある。ところが日本では、「三割自治」と呼ばれ、地方の財源の多くは国に依っているにもかかわらず、図書館の財源は全て地方自治体でまかなわなければならない。中央集権が強い日本で確固たる図書館政策がないのは、それだけ図書館が軽視されている表れであり、今こそ国および都道府県レベルの具体的な図書館政策を持つ必要があるだろう。

それでは、具体的に何をすべきだろうか。

まずは公共図書館のイメージを変えることだろう。本書の目的もここにあるが、なぜ公共図書館が大切なのか、図書館を使って何ができるのか、市民のみならず政策担当者などに広くアピールする必要がある。例えば、アメリカ図書館協会では、五年計画の「@Library」というキャンペーンを積極的に展開し、「インターネット時代だからこそ図書館が市民の情報拠点として重要である」ことを具体例やデータを使って訴えている。日本でも必要な姿勢であろう。

二点目は、様々な団体とのネットワーク作りである。公共図書館だけでできないことでも、他の団体と力をあわせることで可能になることもある。例えば各地の女性センターなどは充実した資料を持ち、文献リストなども豊富なところが多い。またミュージアムなどに図書館を併設しているところもある。そのほか、専門の図書館は全国に数えきれないほど存在する。なかには公共図書館ではなかなか購入できないような本を持っている図書館もある。現状では、それぞれがネットワーク化していないために、相互にほとんど知られていないケースも少なくないのだ。

また、最近はITを活用した地域情報化が進んでいるが、公共図書館とは全く別に行なわれている例が大半だ。こうした団体との関係を深め、幅広く地域の情報化を進めていくという方法もあるのではないだろうか。そして、地域のビジネス関連団体をはじめ様々なNPO、学校、病院や医療機関、芸術団体など、図書館が扱うテーマに応じて、ネットワークを広げ、そのなかで協力関係と役割分担を明確にしていくことが、予算や人材を効果的に活用し、サービスの幅を広めるために不可欠だろう。

三点目は、専門家の育成だ。千葉県浦安市立中央図書館は、日本の公共図書館で最も充実したサービスを行う図書館として知られている。なぜ他ではできないサービスが可能になるのか。常世田良館長は、「図書館に大切なのは、ヒト・カネ・モノ」だと言い切る。なかでも最も重要なのが人材。浦安市立図書館の場合、職員のほぼ全員が司書資格を持つという全国でもまれな図書館だ。スタッフは市が一般行政と別枠で採用し、他の部署への移動がない。日本では、自治体で採用された公務員が図書館へ移動するケースが一般的で、水道課や土木課など全く別の仕事をしていた職員が、図書館へ配属され、その後二〜三年で移動してしまうのが大半である。加えて、一館当たりの司書の数は減っている。しかし、第五章で述べたように、図書館には情報ナビゲーターとしての役割が強く求められているだけに、専門家としての司書教育を強化していく必要がある。

課題山積の日本の図書館だが、明るい兆しも見えている。ビジネス関連の資料提供や、講座、相談窓口を設けて、起業家やスモール・ビジネスを支援する「ビジネス支援図書館」の動きが全国で活発化していることだ。その中心的な役割を果たしているのが「ビジネス支援図書館推進協議会」で、筆者は副会長をつとめている。「協議会」は、浦安市立図書館や小平市立図書館などでビジネス・セミナーを行ない、予想以上の反響を得た。筆者の所属している経済産業研究所も、「協議会」とともに、こうした動きにはずみをつけるシンポジウムを行なっている。

このような機会に報告されるシブルの事例は、多くの図書館の関心を呼んでおり、各地の様々な動きにつながっている。東京都は、ビジネス支援を政策として位置付け、東京商工会議所一階に「ビジネス支援ライブラリー「TOKYO SPRing」をオープンし、データベースなどを無料提供している。図書館でファッション・ショーを行なったのは、岐阜市立図書館。地元のアパレル産業振興のためもあって、ファッション関連の資料を揃えている。

お金をかけない、ちょっとした工夫が効果を上げた例もある。秋田県立図書館では、ビジネスサービスの一環として、地元の産業振興団体などにチラシや報告書を送ってもらい、コーナーを設けて置いたところ、数百の資料があっという間になくなったという。わざわざこうした団体を訪ねる人は少なくても、何気なくやってくる図書館に地元の情報があれば役に立つのである。

足立区立竹の塚図書館の場合は、ビジネスに関わる本を一堂に集めてコーナーを設け、また就職活動をしている人のために、新聞の求人欄と求人チラシを閲覧用にまとめたところ、多くの人に利用されているという。チラシはこれまでは捨てられていたものだ。


日本の公共図書館、そして自治体などに望むのは、市民の情報ニーズを把握し、それに沿ったサービスができるよう編集能力や企画能力を持つ司書を配置することだ。多くの図書館は、情報資源を揃えて並べて利用されるのを待っているだけ、という印象を持たざるをえないが、情報は単に存在するだけでは、その価値をフルに活かすことはできない。

本来公共図書館は、市民のためのリサーチセンターのはずである。何をするためにも情報を収集し分析することはアクションの第一歩。そのために、図書館は多様なメディアによる網羅的な情報のストックをもち、司書による情報ナビゲーション機能があるべきである。数ある情報の中から、長期的な視点に立ち、市民に役に立つという視点から、情報を収集し、整理し、検索しやすいように編集する作業は、公共的な役割を持つ図書館だからこそ可能になる。

これまで日本社会で「情報」というと、発信者と受信者が分かれたままではなかっただろうか。そのため、個人が自ら情報を収集して、判断を下すことがさほど行なわれてこなかった。

そして、それは図書館のあり方にも反映されてきたとも言える。

こうしたことを強調するのは、現在日本が抱える諸問題を解決する上でも、情報と市民の関係を見直す必要があり、そこで図書館ができることは小さくないと考えるからだ。さらに言えば、政府が打ち出す政策も、図書館でできることが少なくないのだ。景気打開、教育問題、医療改革、参加型民主主義など、数え上げればきりがない。今の日本の公共図書館に求められているのは、図書館の役割を再定義し、図書館ならではの存在意義を確立することだろう。

＊＊

本書の執筆にあたっては数多くの資料を参照しましたが、紙幅の関係で主要な文献のみ以下に記します(もちろん重要な情報源として、http://www.nypl.org がある)。

Harry Miller Lydenberg, *History of the New York Public Library: Astor, Lenox and Tilden Foundations*, The New York Public Library, New York, 1923.
Phyllis Dain, *The New York Public Library: a history of its founding and early years*, The Library, Astor, Lenox and Tilden Foundations, New York, 1972.
Sam P. Williams, *Guide to the research collections of the New York Public Library*, American Library Association, Chicago, 1975.

Phyllis Dain, *The New York Public Library: a universe of knowledge*, New York Public Library in association with Scala Publishers, London, 2000.

最後になりましたが、五年にわたって調査をつづける中で、大変多くの方にインタビューなどでご協力していただきました。ごく一部の方のお名前は巻頭(vi頁)に示させていただきました。そして、本書をまとめていくに際しても、大変多くの方にお世話になりました。研究・執筆をサポートしていただいた経済産業研究所の岡松壮三郎理事長と青木昌彦所長に心より感謝申し上げます。「進化する図書館の会」の仲間と、野島正宏、松井貴子、岡野一郎の各氏には、草稿を読んで貴重なコメントをいただきました。「MELL」プロジェクトの仲間と、安藤晴彦、竹内利明、常世田良、松本功の各氏には、図書館、そして情報社会のあり方を考え続けるにあたって刺激を与えていただきました。また、本の完成に向けて、岩波書店の関係者の皆様にも御尽力いただきました。深い感謝の気持ちを伝えたいと思います。

二〇〇三年八月

菅谷明子

菅谷明子

在米ジャーナリスト.
米ニュース雑誌「Newsweek」日本版スタッフ，経済産業研究所(RIETI)研究員などを経て独立.
2011-12年ハーバード大学フェロー(特別研究員)としてメディア・イノベーションとジャーナリズム，創作文芸における新しい表現の可能性等を研究.
2014年ハーバード大学ニーマンジャーナリズム財団役員就任.
ニューヨークのコロンビア大学大学院修士課程修了，東京大学大学院博士課程満期退学.
関心領域は，情報社会におけるパブリック，知や学びのあり方，本や読書をめぐる多様な取り組みなど.
主著に『メディア・リテラシー—世界の現場から』(岩波新書).

email: AkikoJournal@gmail.com
X: @AkikoSugaya

未来をつくる図書館　岩波新書(新赤版)837

2003年9月19日　第1刷発行
2025年10月6日　第19刷発行

著　者　菅谷明子《すがやあきこ》

発行者　坂本政謙

発行所　株式会社 岩波書店
〒101-8002 東京都千代田区一ツ橋2-5-5
案内 03-5210-4000　営業部 03-5210-4111
https://www.iwanami.co.jp/

新書編集部 03-5210-4054
https://www.iwanami.co.jp/sin/

印刷製本・法令印刷　カバー・半七印刷

ISBN 978-4-00-430837-9　Printed in Japan

岩波新書新赤版一〇〇〇点に際して

ひとつの時代が終わったと言われて久しい。だが、その先にいかなる時代を展望するのか、私たちはその輪郭すら描きえていない。二〇世紀から持ち越した課題の多くは、未だ解決の緒を見つけることのできないままであり、二一世紀が新たに招きよせた問題も少なくない。グローバル資本主義の浸透、憎悪の連鎖、暴力の応酬――世界は混沌として深い不安の只中にある。

現代社会においては変化が常態となり、速さと新しさに絶対的な価値が与えられた。消費社会の深化と情報技術の革命は、種々の境界を無くし、人々の生活やコミュニケーションの様式を根底から変容させてきた。ライフスタイルは多様化し、一面では個人の生き方をそれぞれが選びとる時代が始まっている。同時に、新たな格差が生まれ、様々な次元での亀裂や分断が深まっている。社会や歴史に対する意識が揺らぎ、普遍的な理念に対する根本的な懐疑や、現実を変えることへの無力感がひそかに根を張りつつある。そして生きることに誰もが困難を覚える時代が到来している。

しかし、日常生活のそれぞれの場で、自由と民主主義を獲得し実践することを通じて、私たち自身がそうした閉塞を乗り超え、希望の時代の幕開けを告げてゆくことは不可能ではあるまい。そのために、いま求められていること――それは、個と個の間で開かれた対話を積み重ねながら、人間らしく生きることの条件について一人ひとりが粘り強く思考することではないか。その営みの糧となるものが、教養に外ならないと私たちは考える。歴史とは何か、よく生きるとはいかなることか、世界そして人間はどこへ向かうべきなのか――こうした根源的な問いとの格闘が、文化と知の厚みを作り出し、個人と社会を支える基盤としての教養となった。まさにそのような教養への道案内こそ、岩波新書が創刊以来、追求してきたことである。

岩波新書は、日中戦争下の一九三八年一一月に赤版として創刊された。創刊の辞は、道義の精神に則らない日本の行動を憂慮し、批判的精神と良心的行動の欠如を戒めつつ、現代人の現代的教養を刊行の目的とする、と謳っている。以後、青版、黄版、新赤版と装いを改めながら、合計二五〇〇点余りを世に問うてきた。そして、いままた新赤版が一〇〇〇点を迎えたのを機に、人間の理性と良心への信頼を再確認し、それに裏打ちされた文化を培っていく決意を込めて、新しい装丁のもとに再出発したいと思う。一冊一冊から吹き出す新風が一人でも多くの読者の許に届くこと、そして希望ある時代への想像力を豊かにかき立てることを切に願う。

（二〇〇六年四月）